Serie Bianca Feltrinelli

GIORGIO BOCCA

NAPOLI SIAMO NOI
Il dramma di una città
nell'indifferenza dell'Italia

© Giangiacomo Feltrinelli Editore Milano
Prima edizione in "Serie Bianca" gennaio 2006
Seconda edizione gennaio 2006

ISBN-88-07-17116-3

Grazie a Rita Pennarola, Andrea Cinquegrani e a tutta la redazione napoletana de "la Repubblica".

www.feltrinelli.it
Libri in uscita, interviste, reading, commenti e percorsi di lettura.
Aggiornamenti quotidiani

1.
Il sole acqua

Ci fermiamo per fare benzina, subito fuori dall'aeroporto di Capodichino e nella luce agostana viene giù un piovasco tiepido. "È un sole acqua," dice il tassista che ha una bella faccia feroce e istrionica. "Un sole acqua," ripete compiaciuto. Vedo che non ha inserito il tassametro, ma non è che voglia rubare molto sulla corsa, uno o due euro, purché sia lui a deciderlo, lui che è più intelligente del forestiero. La maledetta presunzione individualista per la quale un napoletano è pronto a dannarsi. Scendiamo per la tangenziale, una lunga strada dall'aeroporto al mare, là in fondo il Vesuvio a gobbe da cammello. La più insanguinata strada di Napoli perché la città per cui passa è divisa fra i clan della camorra; le rese dei conti avvengono nei punti di confine, rapide sparatorie, scontri e fughe su motociclette potenti, e, a cose fatte, arrivano i "falchi", i poliziotti motociclisti o gli "zingari", come chiamano i carabinieri in divisa nera. I cadaveri non li tocca nessuno prima che arrivino le autoambulanze a ritirarli. Lungo la tangenziale avvengono anche molti scippi classici; due in motoretta che raggiungono la donna con la borsetta a tracolla e gliela tirano via come una frustata. Ho ricordato al governatore della Campania, Bassolino, che mi mostrava un'opera dello scultore Paladino, che anche la moglie dell'artista era stata scippata sul lungomare, e Bassolino ha corretto: "Scippata no, è caduta a terra ma non ha mollato la borsetta".

Un milione di abitanti, seimila per chilometro quadrato in certi quartieri. Di preciso non si sa perché, in un sobborgo come Scampia, gli abitanti per il comune sono quarantamila ma in realtà sono settantamila con gli abusivi, quelli che vivono negli scantinati o dove capita. La disoccupazione giovanile è del 50 percento, la costruzione di case popolari sempre in ritardo, duecentoquarantadue a Scampia nell'anno 2004 invece delle novecentosessanta previste. La città dei poveri è in perenne mutamento, l'edilizia popolare crea dei mostri sociologici: fa arrivare in città cinquantamila poveracci ma li lascia senza servizi, oppure mette assieme un vecchio quartiere operaio, con le famiglie ben sistemate da anni, con uno nuovo di zecca dove non ci sono negozi, uffici postali, commissariati di polizia. Scampia negli ultimi anni ha ricevuto a ondate gli sfrattati del rione Siberia, i baraccati di via Marina e prima, nel 1980, quelli del terremoto. Scampia è il quartiere delle famose Vele, i palazzoni che ora vengono demoliti: dei termitai in cui la vita si nascondeva, anziché fiorire, un silenzio irreale a mezzogiorno, una donna con la borsa della spesa nella strada, un uomo lassù al settimo piano e, nella penombra degli scantinati, mani furtive che si scambiano i pacchetti di droga.

Napoli adagiata sul golfo è stupenda, ci si chiede se anche questa bellezza non faccia parte della maledizione della città, non faccia parte del prezzo spaventoso che paga per esistere. Le immondizie in corso Garibaldi sono arrivate a tre metri di altezza, i cassonetti del mercato del pesce spandono fetore dalle aiuole su cui sono stati gettati; in piazza Ottocalli i falchi della polizia sono stati attaccati dalla folla, il bidello Peppe che era presente ha raccontato ai cronisti: "Non avevo mai visto cose simili. C'era un ragazzo a terra sanguinante che nessuno conosceva, già in manette e i poliziotti lo prendevano a calci. Ecco perché ci siamo messi a protestare. Loro hanno insultato le donne e le donne hanno perso la testa, hanno cominciato a lanciare di tutto, anche acqua ghiacciata nelle bottiglie. Ma anche io sono un essere umano. Sissignore, ho qualche precedente penale che risale a trent'anni fa, ma le guardie non possono tenermi sotto il loro potere". A Napoli c'è un sindaco donna, la signora Rosa Russo Jervolino. Lei dice alla sciagurata città: "Ho una brutta voce, ma mi faccio sentire". Ma Napoli, di voci, ascolta solo le sue che arrivano dal sottosuolo.

2.
Il sequestrato di Monte di Dio

Rivedo il procuratore Agostino Cordova in un tiepido pomeriggio di metà luglio a Napoli nella caserma della polizia che sta sotto la reggia aerea di Capodimonte, a Monte di Dio. Dico sotto perché nel grande corpo di Napoli la ripartizione napoleonica in quartieri e strade e numeri civici non è ancora stata accettata, si dice ancora *'ncoppa, abbascio, affianco, vicino* a qualche luogo riconoscibile a occhio, a tatto, a odore. Da anni ospite o prigioniero della caserma? Nel 2004 lo hanno emarginato dalla magistratura per "incompatibilità ambientale", un reato inesistente, inventato da una burocrazia che non ti uccide subito, ma ti mette una maschera di ferro sul viso, ti isola, fa di te un innominabile, sorvola se qualcuno ti nomina, come se tu fossi qualcosa a metà fra un'impurità e un rimorso. Tutti che prendono le distanze. "Non conosco il caso, non ho seguito la vicenda, non ho capito." Ma lui, il procuratore, ha capito benissimo e con dolore. "Vede, sono il primo a riconoscere che sono incompatibile con l'ambiente, ma a volte mi chiedo se non è l'ambiente incompatibile con me. Un ambiente inafferrabile. Nell'aprile del 2004 mi dissero che una commissione d'inchiesta parlamentare si sarebbe occupata del mio caso. Non se n'è saputo più niente. Ho diretto un'indagine sulla massoneria, sui legami massonici fra Napoli e Roma. Gli atti non sono mai arrivati a Roma. Napoli non li ha trasmessi. Hanno detto che avevo individuato i casi ma non i reati. Esiste un alto commissariato contro la corruzione: è una scatola

vuota. Sì è vero, con questo ambiente sono incompatibile."
La caserma di polizia di cui Cordova è ospite o prigioniero è arroccata sulla montagna o collina o città in cui palazzi, forti, chiese, a partire dal Castel dell'Ovo, stanno tutti uno dentro l'altro, uno sopra l'altro, collegati da salite, archi, gallerie in cui automobili e camionette si fronteggiano, non possono passare eppure passano a lamiere che si rasentano, a colpetti di clacson che avvisano solo della nevrosi collettiva; ce ne sono che si sfogano con un piccolo pugno sul segnale acustico, una mezza pernacchia di rumore e avanti nell'impenetrabilità dei corpi.

Il procuratore Cordova, sua moglie e io stiamo in un salone che non si capisce a cosa serva in una caserma di polizia, aperto su una terrazza da cui si vedono il mare e il cielo di Napoli, nella bellezza eterna e gratuita per tutti, da Posillipo al Vesuvio, nella grande città dove tutti corrono, pensano, cercano di vivere nella maniera più faticosa e angosciante. Siamo attorno a un tavolinetto, unico mobile del salone e io guardo il dolore senza speranze di quest'uomo nobile e sventurato, nato per una legge uguale per tutti, anche per il buon Dio, profondamente stupido – indignato no, la sua conoscenza degli uomini esclude l'indignazione – stupito, questo sì, dal gran disordine in cui gli è toccato di vivere. Veste un abito nero che cade addosso al suo corpo smagrito e piegato, lui che quando lo conobbi dodici anni fa nella procura di Palmi era l'immagine di un vigore felice, la camicia candida che si curvava come una vela sopra la rotondità del ventre, lui che ora si passa una mano sui capelli bianchi e si ripete le domande senza risposta. "Per cinque anni ho fatto il procuratore a Palmi, per dieci a Napoli e amici o nemici sono come spariti in questa mia incompatibilità ambientale. Dove sono i colleghi amichevoli e sorridenti che le presentai per farle vedere che la giustizia era anche una compagnia di uomini solidali, lieti di fare un buon lavoro, di affrontare i pericoli per la difesa di uno stato giusto? Che fine hanno fatto tutte le nostre opere giuste e tutte le anomalie che abbiamo segnalato? A che è servito chiedersi quali carriere avevano fatto gli uomini della P2? Chi erano i milleseicento iscritti rimasti senza nome? Dieci anni fa alcuni dirigenti del Partito comunista chiesero al governo di mandarmi a Napoli. Avevo fama di uomo di sinistra. Quando hanno visto che per me destra e sinistra erano la stessa cosa hanno cambiato idea, si sono detti: questo Cordova è venuto in bocca ai lupi. Mi rimproverano l'ingenuità di avere indagato su un'associazione potente e segreta come la massoneria. Un'organizzazione segreta? Accettata e temuta dallo stato? Questa era una concezione dello stato per me incompatibile."

Dico: "Forse non era compatibile con la società italiana la sua intransigenza".

"Intransigenza? Io penso di avere semplicemente cercato di far osservare le regole. Ho istituito un ufficio per le impugnazioni delle sentenze ingiuste. Un camorrista notorio e confesso veniva ingiustamente assolto? I giudici non impugnavano la sentenza. Ordinai che lo facesse la procura. Centinaia di sentenze. Sbagliavo a oppormi all'archiviazione di delitti e abusi, nel migliore dei casi dovuti all'ignoranza della legge penale? Ma la legge non dice che l'ignoranza giustifica. Dovevo stare a guardare? Essere rigorosi nuoceva all'ufficio? La politica, gli affari e tutto qui vanno avanti con i compromessi. Mi spiace. Ma chi ha il compito di far osservare la legge deve intervenire, quando vede comportamenti inaccettabili. E se in questo compito peccavo, a volte, di autoritarismo potevano denunciarlo, farlo giudicare. Non è stato fatto. Lo si è globalmente sostituito con la vaga accusa d'incompatibilità ambientale. Dicono: non dovevi inquisire la massoneria. Ma io non ce l'avevo con quelli dei triangoli e dei grembiulini e di simili giochetti, ce l'avevo con la massoneria deviata di soci coperti che intervengono nella pubblica amministrazione facendone parte. Misi insieme milletrecento faldoni. Non sono riuscito a sapere che fine abbiano fatto. Forse lo sanno alla procura di Roma. Dicono che perdevo il tempo nelle discussioni sulla legge. Ma io non ho fatto mai discussioni, le questioni le ho sempre poste per iscritto. C'era del malcontento per il mio modo di agire? Può darsi, ma era la prova che non mi lasciavo condizionare dagli interessi personali o di gruppo, come nel caso delle automobili rimosse."

Non a caso il procuratore Cordova si è trovato di fronte, a Palmi come a Napoli, a due misteri automobilistici, due colossali truffe automobilistiche. A Palmi migliaia di automobili venivano denunciate alle compagnie di assicurazione come distrutte o semidistrutte in incidenti di strada. Il tutto documentato da false fotografie o false riparazioni di carrozzieri. E risultava che le filiali delle compagnie di assicurazione derubate partecipavano alla truffa. A Napoli la truffa era colossale e coperta da autorità governative: le automobili rimosse dai vigili urbani per sosta vietata finivano nei depositi senza che i proprietari venissero avvisati. I proprietari pensavano che fossero state rubate e si facevano pagare il furto dalle assicurazioni. Le automobili venivano vendute in Italia e all'estero con falsi documenti. Pare che negli anni siano state circa ottantamila, con la complicità di funzionari del comune e della prefettura. Non si poteva parlare di confisca perché i proprietari non erano stati avvertiti. Quando scoppiò lo scandalo, un alto funzionario mandò alla rottamazione le auto rimaste nei depositi. Si arrivò a un processo celebrato a Roma e tutti gli imputati vennero assolti dall'imputazione di "dolo virtuale". Il più illustre degli imputati, un prefetto trasferito in altre città, era un uomo dell'Opus Dei.

"Ahi ahi Cordova, prima la massoneria, poi l'Opus Dei, ma lei in fatto d'imprudenza è davvero recidivo."

Interviene la signora Cordova: "La vera 'camorra' forse sono i colleghi di mio marito, sono i giudici che si fingevano suoi amici quando lui passava in procura. Lui lavorava senza guardare che cosa poteva essere utile a questo o a quello. Non sopportavano di essere controllati, di dover lavorare duro e onestamente. Appena hanno potuto hanno organizzato il loro complotto e si sono rivolti al Consiglio superiore della magistratura ponendogli questo ricatto: volete che a Napoli in qualche modo la funzione giudiziaria funzioni? E allora liberateci da Cordova. È stata davvero una liberazione ambientale. Tutti hanno potuto dedicarsi alle loro carriere, dare i lavori a chi volevano o anche solo fare i loro comodi". Interviene Cordova: "Mi hanno rimproverato di discutere poco e di scrivere troppe circolari, insomma di una dittatura burocratica. Ma non facevo circolari, davo solo le mie disposizioni per iscritto affinché restasse la prova che le avevo date. Fino al 2004 il Consiglio superiore ha approvato il mio modo di organizzare la giustizia. Poi improvvisamente ha deciso che non era compatibile con l'ambiente e neppure con la funzione".

Il procuratore Cordova è stato operato per mal di cuore, il vecchio crepacuore degli onesti ingiustamente accusati. E la mortificazione continua, con piccole vessazioni. Chiede che gli paghino delle ferie arretrate e non riceve risposta, deve ricorrere al Tar, chiede trenta giorni per malattia e non glieli concedono con la scusa che su un giornale hanno letto di averlo visto alla presentazione di un libro. Cinque anni fa si è dimesso dall'Associazione magistrati che non lo aveva mai tutelato. Dice il procuratore: "Se qualche merito ho avuto, me lo hanno trasformato in colpa. Sono intervenuto per regolare l'uso dei telefoni degli uffici: tutti li usavano per gli interessi propri. Hanno dato torto a me e hanno assolto loro con la scusa che il telefonino è stato concesso *ad personam*, che potevano cioè usarlo come volevano. Ho fatto sparire da Napoli il contrabbando dei tabacchi e hanno detto che tolievo il lavoro alla povera gente. Per i miei nemici, il contrabbando era l'equivalente della Fiat, e io, il procuratore cattivo, lo avevo tolto alla città. Secondo il Consiglio superiore sono stato per anni l'esempio del magistrato inquirente, insensibile alle pressioni, instancabile nel lavoro, pronto a intervenire contro gli eccessi e i vizi burocratici. Ora sono uno che aveva una vena di follia, che sospettava di tutti e tutto, che metteva chiunque sotto controllo, insomma un mezzo paranoico che indagava sui poliziotti senza motivo mentre rischiavano la pelle. Un maniaco che denunciava il male ma non lo curava, che faceva inchieste su tutto senza mai concluderne una. Ma se ne sono accorti dopo sette anni; prima, come lei ricorderà, i più promettenti giudici di Napoli mi stavano attorno. Mi chiede come si sono comportati quelli che mi assistevano solerti e giulivi? Alcuni sono passati dalla parte degli accusatori, altri hanno fatto i fatti loro, il caso non li interessava. Certo, Napoli non è una città dove è facile far rispettare la legge. Qui è fallito anche l'uso del braccialetto elettronico per il controllo dei condannati agli arresti domiciliari. La legge che funziona a Bologna non funziona a Napoli. Funziona per disfarsi dei magistrati che disturbano il quieto vivere".

Sono legato a Cordova da una memoria giornalistica. Il cronista del Nord che scende negli anni ottanta a Palmi, la città della 'ndrangheta e delle carceri speciali, esce dall'autostrada, chiede dove sta la procura e arriva su una piazzetta bianca dove il nuovo Palazzo di giustizia è blindato come in un villaggio del Far West, poliziotti a centinaia di guardia agli ingressi, ai corridoi, ai terrazzi. Poliziotti che mi accompagnano con il mitra puntato fino all'ufficio del procuratore; e trovo un signore alto con i capelli a spazzola grigi, quella camicia bianca che si gonfia come una vela sotto il suo pacifico ventre. È appena arrivato da Reggio Calabria con la scorta, ogni giorno andata e ritorno sull'autostrada su cui la mafia può ucciderlo dove vuole: dai roccioni che la fiancheggiano, all'uscita delle gallerie dove il sole ti acceca. Su e giù per anni, e a casa non sono mai sicuri che suonerà ancora alla porta. Gli stavano accanto due giovani sostituti lieti di lavorare con lui in quel forte avanzato della legge, di crescere alla sua scuola di coraggio e ironia. "Si accomodi dottore, qui il lavoro non manca, stamattina c'è stata una riunione dei cinquantaquattro clan mafiosi della provincia. Non ci hanno invitati ma sanno che ci siamo." E scrissi allora come di uno cui è venuta la nausea delle parole, così si tiene accanto un giudice, Francesco Neri, ancora giovane e che ha ancora la voglia di parlare; gli dà l'avvio, interviene se gli sembra che divaghi, che non arrivi subito al cuore delle cose. A Palmi c'era il giudice Macrì che diceva: "Siamo in un Far West senza sceriffi dove i sorvegliati speciali sono i giudici". Già allora, del resto, lo accusavano di reati inesistenti ma da non perdonare. Dicevano che nelle indagini sui socialisti calabresi c'era il *fumus persecutionis*. E già allora Cordova rispondeva: "Dicono che sono incompatibile con l'ambiente. Forse vogliono dire che perseguito i malviventi". Già allora molti si chiedevano: "Ma che vuole questo Cordova?". Lui taceva e li mandava in bestia. Poi l'ho raggiunto alla procura di Napoli dove la sinistra lo aveva accolto con favore pensando che fosse uno dei loro, ma era uno che non era di nessuno. Stava al quarto piano del decrepito Palazzo di giustizia. I piani inferiori erano un *suq*: un grande mercato del contrabbando, vendevano sigarette anche davanti alla sua porta. Li spazzò via. Dissero che aveva rovinato l'economia della città. Ho subito il fascino di questo mastino mandato a difendere la legge nelle terre dei fuorilegge? Certamente sì, le persone coraggiose mi piacciono, mi piacciono anche quelli che dicono sì al sì e no al no; ma c'è una ragione profonda, inequivocabile per cui sto dalla parte sua... ed è che la giustizia che lo ha emarginato è una giustizia cattiva, ipocrita, vile. Forse Cordova a Napoli scriveva troppe circolari e perseguiva una giustizia impossibile, ma del mondo che lo ha respinto si può dir questo: che dai tempi della Repubblica e anche da prima non ha mai condannato un politico potente, e che oggi arrivati agli anni duemila non c'è uno dei democristiani che hanno fatto il vento e la pioggia a Napoli e nel Sud, che hanno sperperato i soldi della Cassa del Mezzogiorno che sia stato condannato: neppure Silvio Gava, o il Fantini dei falsi controlli della ricostruzione, o il De Lorenzo delle tangenti e il Di Donato craxiano. Nessuno. E Agostino Cordova al confino? No, non ci va bene.

3.
Le nazioni napoletane

Amato Lamberti è nato a San Maurizio Canavese, ha fatto le scuole a Bussoleno in Val di Susa, ma poi è andato a Napoli, di cui è un grande conoscitore per aver diretto per anni l'Osservatorio sulla camorra e fatto parte dell'amministrazione cittadina. Parlare di Napoli con uno che ha fatto la scuola a Bussoleno, sotto il Rocciamelone e l'abbazia di Novalesa, è tornare alla chiarezza. Con Lamberti non si recita, si parla, non si fa *ammoina*, si comunica.

"Lamberti, è vero che la camorra funziona anche da alibi per la Napoli della politica, è la scusa della città in perpetua rincorsa della 'grande armonia' fra bellezza e ragione, sempre mancata, inseguita invano nei millenni?"

"Le rispondo come Vincenzo Cuoco sul fallimento della rivoluzione liberale: 'Tutti pensano a una nazione napoletana, ma le nazioni napoletane sono due: la prima, dei ricchi e dei colti, non vede la seconda perché tiene gli occhi su Londra e Parigi'. Come ha funzionato una città fatta in questo modo? Ha funzionato con la camorra e con le sue due funzioni: assicurare la sopravvivenza dei marginali e impedir loro di assaltare i regolari. I marginali sono massa, centoquarantaseimila famiglie hanno fatto domanda per il sussidio di povertà, mezzo milione di persone. Lo hanno ottenuto solo ventimila, ma quelli che ne avrebbero bisogno rimangono. La camorra è un grande ammortizzatore sociale. Mi chiede se è un alibi? Certo è un sottostato che si è mantenuto con i suoi furti, la sua corruzione. I grandi aiuti dello stato, la Cassa del Mezzogiorno, sono serviti soprattutto all'altra Napoli, quella che faceva politica, che ci ha costruito su grandi ricchezze, senza produrre sviluppo, senza cambiare il rapporto fra ricchi e poveri. Quella valanga di soldi socialmente non è servita a niente, la modernizzazione di Napoli è ancora quella di stile borbonico, della mostra, dell'autoesaltazione: le stazioni della metropolitana decorate da artisti di fama mondiale, concorsi canori pari a quello di Sanremo. La camorra ha tenuto assieme la città, ma non ha permesso all'imprenditoria di arrivare a una sua egemonia. Ci sono grandi aziende, il clan dei Vollaro ha costruito Portici ed Ercolano, città di ottantamila abitanti; a Casal di Principe ci sono cinquecentodiciassette imprese edilizie che lavorano nel casertano e hanno appalti di ogni genere, per la velocità ferroviaria, per le strade, le case, ma che non sembrano interessate a darsi dimensioni più grandi, basta loro scoraggiare la concorrenza esterna. La grande dimensione è quella del commercio della droga: tremila miliardi di vecchie lire l'anno. Ci sono famiglie camorriste che controllano tutto il movimento della droga verso la Spagna, ma sempre in concorrenza con altre, mai capaci di diventare monopolio, trust. Grandi poteri camorristi come quelli di Cutolo o di Alfieri si formano e si sciolgono, grandi famiglie camorriste come i Giuliano regnano per qualche decennio e poi scompaiono, si pentono. Non perché siano veramente pentite dei loro crimini, ma perché si sentono circondate, assediate dai nuovi arrivati. E allora i vantaggi legali assicurati dal pentimento possono sembrare il male minore."

"Qual è stata la sua esperienza come amministratore?"

"Sono stato presidente della provincia e in sei mesi ho cancellato i parcheggi abusivi, poi ho cercato di combattere l'abusivismo degli ambulanti e lì mi sono reso conto che il territorio era controllato dalla camorra, che certi interventi municipali li permetteva, ma altri tassativamente li rifiutava. E ho capito anche che l'abusivismo non era un'anomalia delinquenziale, ma qualcosa di naturale, di obbligatorio per i napoletani; ho cercato per esempio di mettere ordine nel mercato di San Gregorio Armeno, tracciando delle righe per far rispettare le licenze. Fu la rivoluzione: tra gli abusivi c'erano dei dipendenti del comune e anche alcuni addetti al funzionamento delle fogne, c'erano quelli che tenevano i loro mercatini negli scantinati.

Uno andato a scuola come me a Bussoleno pensava alla pubblica amministrazione come a qualcosa di sacro, ma a Napoli si doveva presto convincere che la buona amministrazione era impossibile. I dipendenti erano il quadruplo, il quintuplo del necessario. Che dovevo fare? Dare a ciascuno una scrivania, un computer? E a che sarebbe servito far passare una pratica per venticinque o cinquanta scrivanie? Per una buona amministrazione sarebbe bastato il 17 percento degli impiegati, ma se lo dicevo ai politici gridavano: ma sei pazzo, abbiamo dei vuoti negli organici, dovremmo assumere milleduecento persone per rispettare l'organico. Non c'era rapporto fra i nostri modi di pensare: io pensavo al funzionamento degli uffici, loro alla clientela politica.

La corruzione è dei politici più che dei camorristi. Franco Cassola aveva cominciato a studiare la corruzione pubblica. Gli hanno dato un sacco di legnate. Si stima il costo della corruzione nei pubblici uffici in sessantasei miliardi di vecchie lire l'anno. Mi hanno messo nell'amministrazione comunale nel 1993, affidandomi l'assessorato all'Ordine pubblico, ma lo hanno chiamato assessorato alla Normalità per non offendere i napoletani. Poi ebbi l'assessorato all'Annona, ci vollero uno o due giorni per capire che era un covo di ladri. Lo chiusi, dissi che del palazzo, degli uffici era meglio fare una scuola. Quattro mesi dopo l'ufficio era riaperto con gli stessi ladri di prima. Gli impiegati si portavano a casa le licenze commerciali per venderle agli amici. Adesso insegno all'università la sociologia della devianza. L'osservatorio della camorra è diventato una rivista."

4.
Il governatore

La presidenza della regione è a Palazzo Santa Lucia, in una grande piazza deserta cui montano di guardia poliziotti e vigili in divise linde e stirate. E siccome i palazzi del potere devono figurare l'opposto della città che il sole infuoca, il libeccio addormenta e la folla insudicia, appena varchi l'ingresso ti trovi in una pulitissima ghiacciaia di corridoi marmorei che portano in anticamere e sale d'attesa ancor più marmorei, ghiacciati e puliti, fra uscieri e guardie, che si aprono al tuo passaggio in un bisbiglio riverente di "dottore, prego" t'introducono nel *sancta sanctorum* del potere napoletano, che non è una mera presenza burocratica come nel resto d'Italia, ma l'incarnazione di tutti i privilegi, i favori e le occasioni che i napoletani qualsiasi inseguono nel caldo afoso, da mattino a sera, in vie monumentali, vicoli lerci e piazze regali, senza sapere bene come siano avvicinabili. Invece nei *sancta sanctorum* ghiacciati il potere certo e indiscutibile sta dietro un tavolo enorme e si è già alzato per riceverti con la gentilezza dei napoletani.

Non ci ricordiamo a che punto negli incontri precedenti sia arrivata la nostra intimità, ma scegliamo il tu e il colloquio procede sciolto.

"Scusa se comincio da cose minime, ma sui giornali napoletani ho visto emergere come una vena nostalgica: un uomo politico di destra ha chiesto la riabilitazione del comandante Lauro, il sindaco monarchico che distribuiva scarpe prima delle elezioni; ha chiesto che gli venga intitolata una piazza, magari quella del municipio. Ho letto anche la commossa ma perentoria richiesta della vedova Almirante che s'intitoli una via a suo marito, il fondatore del Msi. Da quale bacino nostalgico escono queste proposte?"

Bassolino è divertito, la sua faccia da fauno si piega in una smorfia stupida – ma che c'entrano oggi per lui queste sepolte fetenzie? – oggi che in una riunione del partito dovrà discutere della questione morale, una vera fetenzia tirata fuori da Fassino e da Mussi, la moltiplicazione delle commissioni regionali.

"Ho già fatto rispondere su 'l'Unità'," dice a labbra strette. "Le commissioni non le decido io ma il Consiglio regionale. E poi è una faccenda amministrativa, che cazzo c'entra la questione morale?"

Il tema non è gradito, smette le formule ermetiche e dice: "Mussi ha parlato di noi come di capibastone. Non mi sembra il modo migliore per aprire una campagna elettorale decisiva dopo la vittoria alle regionali".

Non insisto, ma questa storia delle nuove commissioni è uno dei molti segni che la democrazia italiana si prepara a funzionare senza opposizione in fraterna divisione delle poltrone. Bassolino dice che le nuove commissioni non le ha decise lui, ma nella regione Campania nulla si decide che Bassolino non voglia. Dice che non costano niente, gli organi di controllo amministrativo glielo hanno assicurato, si è provveduto spostando il personale, razionalizzando gli uffici, ma comunque sia ogni nuova commissione costerà trecentomila euro, ogni commissario ha diritto a una segreteria composta da sei persone più una decina di portaborse. Insomma, le otto nuove commissioni costeranno due milioni e mezzo di euro che è sempre un bel prezzo per pagare il silenzio dell'opposizione. Ogni presidente di commissione avrà un aumento di millecinquecento euro al mese più il 15 percento dell'indennità di base. I controlli amministrativi di Bassolino dicono che le spese complessive non sono aumentate? Nei fatti la moltiplicazione degli impiegati ha già posto il problema della nuova sede, un palazzo di dieci piani di almeno seimila metri quadrati da affittare o da costruire nel Centro direzionale, un centro costato somme enormi, ma che la città ignora. E poi al Centro direzionale ideato da Kenzo Tange lo sviluppo è verticale, e nel verticale i rapporti di lavoro sono più difficili. Non sarà semplice mettere d'accordo le diciotto commissioni, coordinarle nella loro autonomia, sapere se una è in sede o in trasferta a Cannes per studiare i porti turistici, o piuttosto a Barcellona per le fonti di energia pulita o ad Afragola per la scuola delle veline e delle vallette. Chi riuscirà a organizzare le riunioni fra le commissioni, a capire che differenza ci sia fra la commissione mare e la commissione Mediterraneo? Comunque quando toccherò il tema su un giornale, tutta la stampa napoletana saetterà in difesa del suo governatore. Dai tempi felici del rinascimento comunista napoletano molte cose sono cambiate, ma non l'efficienza dell'ufficio stampa. Il colloquio con il governatore non è privo di durezze.

"Di te, caro governatore, si parla come di un capoclan, il capo dei bassoliniani. Chi sono i bassoliniani? I tuoi amici o i partecipi di una particolare ideologia politica?"

"No, i partecipi di una comune avventura politica. Nel 1993 decisi di candidarmi a sindaco di Napoli. Lo feci anche perché avevo di fronte Alessandra Mussolini. Mi fu chiaro che in quel momento Napoli voleva una scelta netta e riconoscibile: o sinistra o destra."

"In altre parti d'Italia si direbbe fascista o antifascista, ma credo che tu abbia ragione, in questa città che sta insieme per miracolo, anzi per una serie di miracoli, il potere è tutto, se si può bisogna afferrarlo."

"La città era in una profondissima crisi e la Mussolini era vista non come una fascista, ma come una donna giovane, con una forte carica umana. Era anche una rimasta fuori dal sistema di potere democristiano. Napoli ha scelto noi. Alla vittoria nel comune è seguita quella nella regione."

"Sono stato nei giorni scorsi a Bagnoli dove la gigantesca acciaieria dell'Italsider ha chiuso. Gli operai hanno assistito a mutamenti biblici, a trasformazioni sconvolgenti. I giganteschi laminatoi, i forni, le rotaie delle fusioni smontati, caricati sulle navi, venduti ai cinesi, un enorme vuoto nel cuore della città. Restano monumenti tragici: l'archeologia industriale e dei venticinquemila operai, una memoria che non si attenua, che non scompare, che ancora oggi detta gli orari, il costume, i rapporti sociali, la scenografia urbana. Bagnoli è una periferia un po' tetra, come una Sampierdarena trapiantata in un golfo ellenico fra le isole beate. Nella notte il fronte del porto è ancora disadorno e chiuso. Come nella Liguria industriale: pavimenti a mattonelle nere e lucide, rotaie di treni scomparsi, placche d'acciaio, muri divisori ciechi, il nero di un parco stretto nella colata industriale, un gigantesco serbatoio d'acqua, a sinistra le luci allineate di Procida e quelle lontane e tremolanti della penisola sorrentina. Il grande cimitero urbano di cui tutti parlano, su cui tutti progettano; ma la classe operaia non è andata in paradiso: s'è dissolta, ha lasciato il partito senza idee, anche se i suoi uomini stanno nei palazzi del potere."

"E non dirlo a me," dice Bassolino, "che ci ho lasciato la mia gioventù. Quasi tutte le mattine alle porte dell'Italsider a volantinare, i comizi, gli scioperi, le lotte che bastava battere un pugno ed erano lì a migliaia."

"Come nel Sannio i legionari di Pompeo; Bassolino, ma che ci fate oggi voi comunisti a Napoli?"

"Ci stiamo a garantire a tutti l'uguaglianza dei diritti: noi pensiamo che per una forza di sinistra i lavoratori abbiano dei diritti inalienabili, che vada conservata la dignità del lavoro. Io non penso che la camorra sia figlia della povertà. Ci sono lavoratori poverissimi che rifiutano di entrare nella camorra. E non è neppure una creatura del Sud, a Marsiglia è fortissima. La camorra è un'associazione terroristica che conosce la strada per arricchirsi, sa che per poterlo fare deve sparare. La camorra è l'insopprimibile voglia di arricchire rapidamente, e qui si è arricchita con la droga in misure impensabili. La mafia è più segreta, più gerarchica, più penetrata negli uffici e nelle istituzioni. La camorra non incombe su Napoli come la mafia su Palermo. È difficile spiegare come mai alla mafia ci si piega, con la camorra si vive. Certamente anche la camorra ha bisogno del controllo del territorio, certamente anche lei impone le sue tangenti alla maggioranza degli esercizi commerciali; ma un imprenditore, un professionista che voglia fare altri lavori, altre professioni, può anche avere la sensazione che non ci sia."

5.
La rivoluzione fallita

Questa è in breve la storia di Antonio Bassolino e dei bassoliniani. Sono entrati giovanissimi nel partito dei senatori e fondatori: i Chiaromonte, gli Amendola, i Napolitano; indiscutibili ma con un apparato modesto. I giovani della cordata di Bassolino sono diversi, più colti, più cinici. Bassolino, che è arrivato da Avellino, punta ai posti direttivi, diventa il padrone della commissione operaia e poi della segreteria regionale. Dice uno che lo ha conosciuto allora: "Era un comunista vero, uno di quelli che ci credono, ma di un cinismo estremo, il cinismo necessario per diventare un leader, capace di prendere una strada e di svoltare senza mettere la freccia". Il partito avrebbe preferito una personalità rappresentativa come Valenzi, ma Bassolino non aspettava le simpatie del partito, aveva una marcia in più, era un capo. Lo capì Mauro Calise che fu suo consigliere e ne curava l'immagine. "Non è il programma che conta," diceva Calice, "ma l'immagine di Antonio." Aveva ragione: nella Napoli umiliata dal potere laurino e dalla rete democristiana, Bassolino era il nuovo, specie per la Napoli laica di sinistra. La Napoli progressista, riformista, che aspettava da sempre la sua occasione e che la colse con entusiasmo. L'impossibile d'improvviso era a portata di mano, quello che fu chiamato il "risorgimento napoletano" coinvolgeva tutti, i grandi intellettuali borghesi come i Barraco e i Marotta, come le avanguardie operaie dell'Italsider, i professori universitari, come i sindacalisti e gli imprenditori moderni. Bassolino è il sindaco deciso e coraggioso di questa Napoli miracolata che si prova a cambiare. Mancano i mezzi del trasporto pubblico, le officine sono piene di autobus scassati? Bassolino va in America e compra trecento autobus. E c'è Bagnoli che risponde alle richieste del giovane capo arrivato dalla commissione operaia. Vengono da ogni parte del mondo a vedere il miracolo del comunismo napoletano, anche dal Giappone. Tutto si muove, si apre, il sindaco chiama in giunta ottimi collaboratori come Vezio De Lucia e l'urbanista Camerlinghi; e come in ogni rivoluzione che si rispetti si bada ai simboli, alla nuova aria che deve circolare in città, al Teatro San Carlo che deve diventare il salotto buono della società emergente, il segretario dei tessili e la sua compagna alla prima del *Lago dei cigni*, quello della Federbraccianti con l'abito nuovo in una poltrona di prima fila: le solite illusioni delle società che cambiano, ma che al momento ti danno coraggio, ti sembrano acquisite per sempre. Quella Napoli appare unica e meravigliosa, l'anziana compagna Vera Lombardi accolta dal sindaco nel foyer e lui galante dice: "Sei la prima vera signora che viene in questo teatro". La compagna Lombardi sotto i lampadari scintillanti, fra la boiserie raffinata! Si riempiono gli alberghi, si moltiplicano congressi e mostre, partono cento iniziative. Non mancano in questa inebriante euforia quelli che restano con i piedi per terra, e che magari si fanno da parte. L'economista Ada Becchi Collidà – vicesindaco – abbandona, ma la rivoluzione moltiplica le sue creature, si occupa anche, come le vere rivoluzioni, di cambiare il linguaggio, i nomi. L'assessorato ai Servizi sociali diventa l'assessorato alla Dignità.

C'è molta aria fritta nel "risorgimento napoletano", ma c'è anche del nuovo, una buona edilizia popolare, nuove scuole, un minimo di pulizia delle strade. Il primo mandato di Bassolino è comunque positivo. Poi la mossa sbagliata, la seduzione del grande potere: l'uomo del cambiamento di Napoli lascia la sua città e la sua grande impresa, va a Roma a fare il ministro del Lavoro nel gabinetto D'Alema. Perché si è lasciato giocare da D'Alema che ha interrotto la sua salita al cielo? È stato lui a voler giocare la carta della politica nazionale? O non poteva dire no al primo governo diretto da un comunista? Comunque capisce che quella è la sua morte politica e torna a Napoli dove la fortuna è ancora con lui e lo fa eleggere a governatore della Campania. E come governatore fa di nuovo bene, conosce i problemi dell'agricoltura e dell'acqua che manca e si muove bene nella Comunità europea, ha capito che gli eurocrati nutrono grandi ambizioni, vogliono fare anche loro il miracolo nel Mezzogiorno, più soldi chiedi e più te ne danno. Ma anche con i soldi dell'Europa Napoli resta schiacciata da mille disgrazie e l'euforia dei primi anni se n'è andata. La gestione del potere, osserva Lamberti, è stata capace di corrompere anche la sinistra di lotta. Diventata sinistra di governo si è fatta irretire dalla quotidianità dell'amministrazione, dall'occupazione delle posizioni alias delle poltrone, dalle gare di appalto, dall'acquisto d'immobili. I segnali dell'avvenuto cedimento sono diventati così numerosi da creare una normalità dell'illegale. Il dato più sconfortante è che i partiti hanno completamente perso il controllo della pubblica moralità e permesso che la politica tornasse a essere "una cosa sporca".

Ha vinto o perso la sua partita Bassolino? Vincerla certamente non poteva, a perderla con onore c'è quasi riuscito.

Ha giocato molto, gioca molto nella sua vicenda il carattere. Bassolino è un uomo onesto ma pronto ai compromessi della politica, con la giustificazione o l'aggravante di essere un napoletano individualista convinto che se un intrallazzo lo fa lui sarà a fin di bene e riuscirà a controllarlo. Questo, lo si è detto, è il principale vizio napoletano. Il tassista cui chiedo se le corsie preferenziali funzionano mi risponde: "Come no signore, le corsie preferenziali sono di chi le preferisce".

Un altro vizio napoletano cui neppure i comunisti del rinascimento sono riusciti a sottrarsi è stato quello della tolleranza complice per cui tutto viene concesso, tutto perdonato perché "pur isso adda campa'". E per sistemare tutti, per rispondere a tutte le richieste, il vecchio che si è riusciti a cacciare ritorna peggio di prima.

È possibile a Napoli pranzare in un educato silenzio, magari prendendo appunti di quel che ti dice un tuo commensale? No, non è possibile, perché "pur isso adda campa'". *Isso* è uno con la chitarra che si avvicina al tuo tavolo, sorridendo fra i sorrisi affettuosi dei camerieri suoi amici. Chiamo lo chef, gli dico che vorrei stare tranquillo, che devo lavorare. Lavorare a tavola? Mandar via il posteggiatore? Ne nasce un piccolo dramma. Chef e camerieri sono sbalorditi, non possono credere che qualcuno non gradisca le canzoni napoletane e che mandi via uno che "pur isso adda campa'". La notizia del fatto empio si diffonde, altri camerieri e i cuochi escono dalla cucina e guardano increduli, il cantante con chitarra se ne va lentamente come un perseguitato. Per fortuna il terrazzo del ristorante è molto lungo, trova un gruppo d'inglesi che gradiscono "a Marechiaro ce sta...", e va avanti per un'ora. Il personale da quella sera mi guarda in modo diverso.

6.
Una donna in municipio

Rosa Russo Jervolino è di madre altoatesina e di padre napoletano. In più occasioni ha respinto con forza la definizione di Napoli città della camorra. "Il suo civismo è apprezzabile," le dico, "ma come può affermarlo se in città le cosche camorriste sono più di quaranta e nella provincia centosette, come mi hanno appena detto in procura?"
"Perché uno che dice così di Napoli è uno che non la vive, che non conosce le sue contraddizioni, le sue due anime. Diciamo che questa è una città dove avviene ciò che è impossibile in altre città, forse in tutte le altre città europee. Ho partecipato a un corteo di solidarietà per i familiari di Annalisa Durante, la ragazza uccisa dalla camorra che le ha anche incendiato la casa. È incredibile che nello stesso *humus* sociale possa esserci tanta ferocia e tanta solidarietà. Per definirci occorre sapere quel che c'è sotto la malavita a Forcella, nel quartiere dei Giuliano. In questa città tutto è esagerato, dai tramonti alle piogge, dai grandi palazzi ai vicoli, dalla bellezza alla ferocia."
Anche a Palazzo San Giacomo ci sono sale e anticamere ghiacciate, ma l'ufficio del sindaco conserva un suo decoro risorgimentale, quadri di una Napoli di cent'anni fa, mobili ricco borghesi e il pericolante sofà per gli ospiti: "La prego", raccomanda il sindaco, "non si sieda nel centro che ci affonda". Quanto diverso dall'ufficio di Bassolino, passato alla fotografia d'arte e all'astrattismo, un occhio ovale di Paladino che guarda di sbieco da una parete bianca.

"Le piace fare il sindaco di questa città eccessiva?"

"No, non mi è piaciuto per niente, ma nessuno chiedeva che mi piacesse e lo sapevo che non mi sarebbe piaciuto. È una città difficile da governare, non si sa mai quale Napoli si sta affrontando. La famiglia di Annalisa Durante, la ragazza trucidata per uno sguardo, ha donato i suoi organi, la famiglia di De Carlo, il ragazzo ucciso perché aveva tentato di mettere pace in una rissa, ha perdonato gli assassini, ma la ferocia annienta. In questa eterna lotta del bene contro il male, di ragazzi uccisi senza ragione, resta una forte umanità, non c'è la disperazione totale, la speranza non muore ma tutti sanno che il lavoro da fare con i ragazzi è di quelli che si contano in anni, anche se far capire che la legge va rispettata sembra impossibile."

"Sì, certo, sembra davvero impossibile e il procuratore Cordova, uno dei pochi che hanno esortato a rispettare la legge, è stato emarginato, punito, irriso."

"Il caso di Cordova," dice il sindaco, "è un problema delicato in cui non entro. Ho una grande fiducia nel presidente del Csm Rognoni e posso dire che i miei rapporti con Cordova sono stati ottimi, che ho avuto occasione di stimare il suo lavoro. Non conosco i fatti, so solo che il rapporto con i suoi collaboratori si era bloccato. So che faceva con impegno il suo lavoro ma non era il solo, l'attuale procuratore Lepore è diverso ma ha lo stesso rispetto per la legalità. Non posso giudicare Cordova, non ha mai inquisito il comune da quando ci sono io." Inutile insistere, la Jervolino è in politica da anni, è stata ministro degli Interni, ha orrore della maldicenza, ha la prudenza dei veri servitori dello stato. Ma neppure lei si sente di dare una mano all'uomo dell'intransigenza e della sfortuna.

"Che ne pensa della questione morale, dell'aumento irrefrenabile delle spese; di un'amministrazione pubblica che non riesce a vincere la metastasi dei posti e degli sprechi?"

"Non ho consulenti, penso che bastino sessanta consiglieri. Abbiamo otto commissioni e ci bastano."

"A che punto è la riconversione di Bagnoli?"

"Dopo tre anni di attesa inutile i fondi per i lavori sono

arrivati. Per cominciare centocinquanta miliardi per il disinquinamento del terreno. Lo aveva inquinato l'Italsider, azienda di stato: lo stato ha giustamente il dovere di riparare. Man mano che sarà fatta la bonifica partiranno i lavori di riconversione. Abbiamo lavorato anni per rilanciare il crocierismo e ci siamo riusciti, lei può vedere da qui le navi giganti, le guardo ogni volta che arrivo in municipio e se vedo molta gente sui ponti mi preoccupo, vuol dire che molti hanno avuto paura a scendere per la visita della città e di Pompei. Dobbiamo cambiare anche il sistema alberghiero. Ora abbiamo i megalberghi di lusso come il Vesuvio, dobbiamo costruire anche quelli a tre stelle per il turismo medio."

"Resta però, signora, un traffico da infarto. Per venire qua in municipio ho fatto una gimcana incredibile. Parto da Santa Lucia, arrivo davanti alla piazza del municipio ma non si può entrare, bisogna proseguire diritto per un chilometro poi curvare a U, risalire in mezzo a una fiumana di auto arrembanti e arrivati nella piazza aprirsi a forza di clacson un varco verso Palazzo San Giacomo, ma non è finita: si deve piegare in una strada laterale per poi arrivare alla cinta metallica dove i vigili di guardia, di mezza età, di buona pancia, di stivali lucenti stanno come per farti un favore."

"Con il traffico siamo a buon punto," afferma il sindaco, "siamo indietro di tre anni nei lavori della metropolitana perché abbiamo trovato sul percorso il porto romano con tre navi e un tempio greco. Bisogna avanzare con estrema cautela. Napoli è lunga e stretta come Genova."

"E la sua famiglia, signor sindaco, è contenta della sua alta funzione?"

"No, non sono contenti. Siamo una famiglia divisa. Sono vedova da trent'anni e ho avuto tre figli. Io sono stata presa completamente dalla politica. Ho fatto il ministro degli Interni, ho lavorato con il governo in giorni non tranquilli, ho lavorato con gli albanesi per cancellare il traffico degli immigrati offrendo loro tecnologia e investimenti industriali, un lavoro andato a buon fine. Durante la guerra del Kosovo sono stata in prima linea, ho dovuto indossare il giubbotto di protezione, ho conosciuto molte persone perbene, non mi sono mai sentita discriminata."

Il sindaco donna è onesta e coraggiosa, ma Napoli è una città terribile, uccide senza ragione. Ha ucciso anche l'ingegner Albanese per un pugno di euro.

7.
Il caso Albanese

Emilio Albanese uscì di casa alle nove del mattino del 3 giugno per andare in banca a ritirare tremiladuecento euro. Uno dei suoi assassini stava vicino alla cassa per segnalarlo ai complici, due che aspettavano fuori. Lo seguirono al palazzo in Santa Maria di Costantinopoli, lo raggiunsero sulla prima rampa delle scale, uno gli inferse un colpo di mazza che gli spaccò il cranio. Albanese ha lasciato la moglie Vera e sette figli. Una figlia, Eleonora, regista teatrale, ha sposato Jacopo, il figlio di Dario Fo. Dice Eleonora: "Non si può campare in una città così. E non credo che Napoli possa cambiare: per questo non capisco come i miei genitori abbiano potuto continuare a vivere qui. Ora voglio giustizia perché mio padre è stato ammazzato. Fin da bambina mi è stato detto che quando mi trovavo a Napoli non dovevo indossare oggetti preziosi, e già questo di per sé era anormale. Quando sentivo di delitti pensavo sempre: speriamo non si tratti di uno dei miei".

"L'assassinio di Albanese," dice Maurizio Merola, "è il fallimento di questa città. Questa morte è l'ennesima dimostrazione che qui le vittime sono soprattutto persone perbene." E il figlio Ernesto: "Oltre la violenza cieca ci ha colpiti la rassegnazione della città. Questa volta è toccato a noi. Purtroppo è toccato a noi, si muore assassinati per un banale furto in pieno giorno, in piena città, ma ci si scandalizza solo se la vittima è una persona perbene. Napoli è molto cambiata in peggio, la tipologia dei crimini si è arricchita. Verrebbe la voglia di abbandonarla al suo destino. Mio padre era mite, guardava avanti. È sempre stato ottimista. Cercavamo di darci una ragione del vivere a Napoli. Vuoi vivere tra mille cose belle? Sopporta il rischio. Ma ora c'è qualcosa di più e di peggio: la ferocia. E gli assassini feroci non sono un fatto isolato, la città in qualche modo è loro complice. Non vogliamo parlare di politica, non sta a noi indicare la strada ma è chiaro che ormai le vie tradizionali non servono, non si possono usare le stesse regole che vigono in altre città".

Gli Albanese non odiano gli assassini ma non perdonano alle autorità l'inefficienza, Eleonora per giorni attacca su una radio locale il sindaco Russo Jervolino, le chiede: "Signora, non so se sarà rieletta se i suoi elettori continuano a morire". Dice Jacopo Fo: "Il caso Albanese purtroppo non è l'unico. C'è troppa tolleranza, troppa permissività. Prendiamo il caso di Angelo Izzo, l'assassino del Circeo. Qualcuno in questi anni ha ascoltato l'avvertimento di Donatella Colasanti a non concedergli i benefici di legge? Eppure glieli hanno concessi e lui ha di nuovo ucciso. A Napoli si sono succeduti amministratori di destra e di sinistra e non è cambiato niente. Gli anziani hanno paura di uscire di casa, di andare in banca, la gente non crede ai partiti, gli studi degli avvocati sono gremiti di giovani dall'intelligenza acuta che proteggono i ladri e della violenza non ci occupiamo finché non fa irruzione in casa nostra". Dario Fo da un palcoscenico di Napoli ha gridato: "Ribellatevi". A chi caro Dario, come?

8.
Guardie e ladri

Per secoli Napoli, capitale del regno, è stata una metropoli che lo stato borbonico riusciva a governare solo grazie alla camorra. Garibaldi il liberatore deve assumere come capo della polizia il capo della camorra. Guardie e ladri lo sanno e si adeguano, convivono. Ma da qualche anno questa convivenza è mutata, non è più rispettata in ogni caso, spesso è guerra senza quartiere. Le rivolte della malvivenza contro la polizia si succedono, quella di piazza Ottocalli ha segnato un'epoca. La polizia insegue due rapinatori in motocicletta, il guidatore scivola sul selciato e resta a terra, l'altro fugge in un vicolo; i poliziotti si avventano sul caduto a pugni e a calci, la gente affacciata alle finestre protesta, grida di smettere di picchiarlo, drammatizza per suscitare la rivolta: "Stanno picchiando un bambino". Altre donne si affacciano ed è chiaro che la rivolta è preparata, lanciano dalle finestre bottiglie di acqua ghiacciata, pacchi di pasta con spezzoni di ferro. I ladri non vogliono più le guardie nel loro quartiere, lo stato è un nemico.

Dirà un poliziotto: "Qualcosa è cambiato profondamente in questa città: in questi mesi non ho sentito mai una parola di solidarietà da parte della gente. Al massimo assistono impauriti, i camorristi preparano l'acqua insaponata per farci cadere, e ci sono addosso. A uno di noi hanno spaccato la mascella. Sono frastornato, confuso in questa mutazione delle parti. Solo qualche mese fa, tra me poliziotto e un camorrista il rapporto era chiaro: io poliziotto dovevo prenderlo, dirgli 'ti ho preso' e la sfida tra noi finiva lì, tutto ciò che ne seguiva, il suo processo, il suo rilascio o la sua condanna erano un'altra cosa che riguardava giudici e avvocati, non me guardia. Adesso mentre dico al giovane camorrista 'ti ho preso', arrivano i suoi a liberarlo, a pestarmi e lui non si arrende più, aspetta che arrivino".

Così è andata in piazza Ottocalli e in almeno quindici altri luoghi di Napoli. In piazza Ottocalli sedici agenti feriti, auto della polizia sfasciate, l'intera famiglia Fabbricini in guerra: la madre di quarant'anni e tre figlie giovanissime che dal quarto piano lanciano vasi di fiori e bottiglie come da un fortilizio assediato. Una famiglia al completo: camorristi i parenti di lei, camorristi quelli del marito. Il confine tra il legale e l'illegale non esiste più. Nella grande città la società è rimasta anarcoide, ma ha adottato i vantaggi dell'associazionismo truffaldino. Ci sono associazioni nate per coprire le illegalità e favorire chi viola la legge, agenzie che forniscono testimoni falsi per non farti perdere i punti della patente, che ti scagionano se hai causato un incidente, che addirittura sono disposte a far passare per colpevole un poveraccio, e anche falsi delatori: il sindaco di Marano accusato da camorristi di stare dalla parte della camorra.

Lo stato è un nemico: bisogna colpire le sue guardie, impaurirle. E sono impaurite, con lo stipendio che prendono devono anche farsi rompere le ossa, farsi tagliare le gambe dagli stivali messicani, i camperos, dei camorristi. Fermi un balordo, gli chiedi i documenti e subito ti circonda gente che ti strattona, ti sputa addosso e se chiedi soccorso, se arriva una volante o un elicottero con i lacrimogeni può nascere una vera battaglia, scendono dai vicoli camorristi e delinquenti, giovani del "branco" pronto a distruggere tutto. Duecento, comparsi come dal nulla, ribaltano un'autobotte dei pompieri, attaccano i poliziotti che stanno sbaraccando una cappella eretta con assi e cartoni in memoria di un camorrista ucciso. La convivenza fra camorra e stato è finita, resiste solo ad alto livello, negli uffici degli avvocati e dei giudici, ma lo stato va disarmato, le motociclette dei vigili urbani vengono danneggiate, le gomme forate con i cacciavite, il motore scassato con le mazze. Siamo a un livello colombiano, venezuelano. I capi della camorra non vogliono l'anarchia totale ma non la ostacolano. Dice Lamberti che Napoli è in preda al bullismo, alla violazione flagrante, ostentata di qualsiasi disciplina da parte di giovani scatenati. I vigili di un posto di blocco fermano due ragazzi in motocicletta senza casco. Lui li insulta, lei scende dalla moto e li aggredisce, strappa dalle mani di uno dei vigili il blocchetto delle contravvenzioni. Davanti al San Carlo scoppia una rissa, i poliziotti che cercano di sedarla vengono inseguiti, si rifugiano nelle scale dei palazzi vicini, rischia la vita uno che ha cercato di filmarli.

La camorra sta a guardare, ma per guardare bene si attrezza, il giorno dopo la rivolta di piazza Ottocalli la polizia scopre un impianto di sorveglianza camorrista con sei telecamere.

Il questore Fioriolli convoca i summit delle forze dell'ordine, poliziotti, carabinieri e vigili e mette le mani avanti dichiarando alla stampa: "Napoli deve diventare più normale e per farlo bisogna combattere il degrado a tutti i livelli. Nel degrado affonda una subcultura che porta a solidarizzare con i criminali". Il signor De Lapalisse non avrebbe saputo dire meglio.

9.
La camorra e la morte

La camorra di oggi è più ricca della camorra del passato, controlla un giro vorticoso di denaro. Forse è per questo dominio economico ingigantito dal mercato della droga che s'interessa poco del potere politico: sa che esso seguirà come le intendenze seguono un esercito, la camorra sa che i politici si reggono sul denaro che viene dallo stato proprio perché la camorra c'è. La camorra non ha bisogno d'imporre i suoi assessori, i suoi costruttori, i suoi funzionari. Quelli che ci sono, sono in qualche modo disponibili, tacitabili. La camorra non è un'organizzazione coesa e verticistica come la mafia, ma un arcipelago d'illegalità che vive a suo agio nel mare dell'illegalità napoletana. Per anni i capi della camorra hanno voluto essere, e sono stati e probabilmente lo sono ancora, anche personaggi popolari cui "Il Mattino" pubblicava gli annunci di nozze o di compleanno, di cui i napoletani più famosi, i cantanti e i giocatori di calcio come Maradona, erano la corte, legati da rapporti di amicizia e ospitalità. Immaginare che ci sia una resistenza popolare alla camorra in una città dove tutti, se possono, campano sul pubblico denaro è una visione irreale di una città dove i pensionati dell'Inps, finti invalidi o grandi invalidi, sono la norma, dove nessuno dei grandi leader politici rei confessi di pubbliche rapine è stato condannato. A Napoli la delinquenza camorrista non fa nessuno scandalo, così come nessuno dei politici è in galera, allo stesso modo i grandi camorristi possono pentirsi o scegliere il paese in cui espatriare, possibilmente l'Argentina il cui codice non contempla il reato di camorra. L'illegalità come normalità è entrata nel sangue di una buona parte della gente. Tutto è incerto, fluido. Le persone senza nome e senza protettori che scompaiono non le cerca praticamente nessuno. Non la polizia, il cui principio è che se si ammazzano fra loro tanto meglio. *Desaparecidos* che nessuno cerca e che non tornano dai cimiteri della camorra nel vallone D'Aiello sul monte Sant'Angelo. Ma cosa conta la morte nel mondo della camorra?

Ho chiesto perché la morte sia l'unica pena conosciuta nel mondo camorrista. Non capivano come facessi a non comprendere che la camorra non conosce altra pena, non ha tribunali, processi di primo o di secondo grado. Uccide. Se non si accetta questo semplicissimo principio è difficile capire certe faide napoletane.

Luigi Giuliano, camorrista pentito, non ha rinunciato a un suo diritto di morte, ha giurato di uccidere Giuseppe Misso perché un giorno Giuseppe fece ammazzare tre ragazzi che, contro un suo ordine, avevano eretto un palco elettorale per un candidato avverso a Misso.

Il pentito Luigi Giuliano continua a dire: "Abbiamo giurato che quel Misso deve morire. Io e Misso eravamo cresciuti assieme, vicini come il naso alla bocca, ma quei ragazzi non doveva ucciderli". Quando finirà la faida fra i Misso e i Giuliano? Non presto probabilmente, Misso è diventato potentissimo è un signore della camorra assieme ai Mazzarella di Sarno, ai Marella, i Contini, i D'Ausilio, i Bagnolo, i Frigerio, i Bianco, i Ceravolo e i Di Lauro.

Ci sono grossi affari che possono interessare la camorra.

C'è lo smaltimento delle acque e dei materiali delle centrali atomiche cui pensa la Sogin S.p.A., diretta dal generale Carlo Jean, con settecento dipendenti, c'è la costruzione del termovalorizzatore cui è interessata l'Impregilo. Inoltre, ci sono gli scarichi illegali dei rifiuti o i dieci milioni di ecoballe che attendono di essere bruciate, un affare cui pare interessato anche il capo somalo Siad Barre. Su questo proliferare di occasioni in cui speculazioni di sottogoverno e camorra possono integrarsi, vigilano la bellezza e la cultura cui si ispirano la miriade di associazioni che obbediscono al criterio aristotelico per il quale l'umanità non deve pensare solo ai suoi bisogni materiali, ma deve essere felice nella bellezza delle arti e nella cultura. Naturalmente la felicità va perseguita nella pratica di questo mondo, cercando di ottenere i sussidi necessari da chiunque sia in grado di elargirli: stato, regione, parrocchia, municipio, insomma questi benedetti soldi per le iniziative in apparenza le più strane, come scuole di canto e di danza, commissioni che vanno nella Ruhr per studiare l'impianto dei campi da golf, organizzatori di festival della canzone napoletana e indimenticabili serate con la platea gremita da un pubblico vagamente gangsteristico.

10.
La macchina da guerra

La camorra a Napoli è una macchina da guerra che ha fatto in due anni qualcosa come centoquaranta morti ammazzati, cifre da guerra civile o da terrorismo. Continuare a dire come il ministro Pisanu che bisogna contare sui napoletani onesti è un rischio, qualcuno potrebbe dire: "Purché non siano già tutti morti". Napoli, come dice il suo sindaco, non è tutta camorra, ma la camorra vi è padrona e la società napoletana è un'inestricabile commistione di camorristi effettivi, di complemento, per necessità, per convenienza, per rassegnazione. Quel che è, del resto, l'Italia con la corruzione. C'è naturalmente chi finge di non vedere, di non capire, ma la fabbrica di guerra camorrista continua a uccidere e a estorcere. Un clan come quello dei Di Lauro diretto da "Ciruzzo 'o milionario", ora arrestato, e dai suoi figli Ciro, Vincenzino e Cosimo, dispone di un gruppo armato di circa trecento persone, a stipendio fisso, con auto, moto, autorimesse, officine, poligoni di tiro nei sotterranei, nel cuore della città, mitra e pistole con puntamento a raggi infrarossi per gli scontri notturni. Sentite come il pentito Esposito ha raccontato alla polizia un'azione del clan: "Quella mattina mi trovavo a Forcella e vidi che si stavano preparando due batterie d'azione, con i giubbotti antiproiettile e le auto rubate la sera prima. Non facevano misteri, caricavano le armi sulle macchine e le munizioni, tranquilli. Prima andarono nei pressi della caserma della polizia, che non si fece viva, poi al parcheggio poco distante e circondarono il custode di nome Ciccolo per uno sgarro che non so. Lo uccisero con le pistole silenziose. Arrivarono a prelevarli altre due auto che li portarono poco lontano, da Totto Melito, dove erano pronti i vestiti di ricambio". Il pentito Esposito riferisce anche sugli ordini dati dai figli di Di Lauro per eliminare gli scissionisti, quelli che hanno creduto di potersi mettere in proprio nel commercio della droga. "Ho sentito Vincenzino dire ai suoi: bisogna toglierla questa melma dalle nostre strade. Cominciate da Giannino quando passa con la sua Micra rossa poi pensate a Fulvietto, a Otello, a Biagino." Quattro carabinieri del nucleo che non portano la divisa vengono scambiati per scissionisti e trucidati. Nel quartiere Terzo mondo viene uccisa Gelsomina Verde che faceva il doppio gioco "quella usciva con uno dei nostri ma anche con uno passato agli scissionisti". I collaboratori di giustizia non sono bravi in lingua, parlano come chi non riconosce un uomo dal nome ma dai difetti fisici: "quello brutto", "lo zoppo", "il grosso", "quello con la cicatrice sulla guancia destra". Non sono cambiati dai tempi in cui servivano i tedeschi durante l'occupazione, prima di passare in massa agli inglesi; gli affari li facevano anche loro come i Dragoni della guardia imperiale che svuotarono la villa del comandante Lauro e fecero arrivare in Inghilterra il bottino con l'aiuto della Royal Navy.

11.
Napoli siamo noi

La Napoli delle persone perbene, gli intellettuali che continuano a guardare modelli virtuosi di altri paesi, c'è ancora e pensa alla camorra con sdegno e vergogna. Ma sono, volenti o nolenti, compagni di strada della Napoli senza leggi. Le due Italia, ahimè, si tengono strette. C'è da stupirsi se l'esperienza fatta da Napoli nel grande sacco del terremoto, la comune megatruffa di amministratori, politici, informatori, imprenditori è diventata un modello per l'intera nazione? C'è da stupirsi se a Napoli, dopo le comuni malefatte negli uffici, nei cantieri, nelle cliniche, si è creata una *liaison* con la camorra? Nella vicina Calabria, il presidente degli industriali ha chiesto l'intervento dell'esercito per proteggere gli imprenditori: ma che può fare un esercito se quelli che deve proteggere dalla corruzione sono i primi a chiedere riparazioni non necessarie, sussidi inutili, se la gran parte delle loro aziende sono sprovviste di una contabilità regolare? In questa comune appartenenza all'illegalità, la crociata contro la camorra è priva di senso come lo è nell'intero paese. Vince la camorra e la rassegnazione è destinata a crescere. Un esempio: oggi i furti d'auto a Napoli avvengono in pieno giorno, ci sia o non ci sia una custodia. Due uomini armati si avvicinano, dicono a chi sta di guardia alle auto di andarsene e di lasciare le chiavi.

I napoletani onesti ci sono, ma le tossine della corruzione che respirano con l'aria sono più forti degli anticorpi. I camorristi uccidono, ma gli altri fanno i loro affari dietro ai delitti. Dicono che sia un errore dare la colpa di tutto a Berlusconi, certo non è lui ad aver messo assieme un'Italia senza legge, certo Napoli non l'ha fatta lui, ma è il rappresentante più autentico di quest'Italia, e di questa città che non considera la camorra come un corpo estraneo e nemico, ma come un'istituzione, la principale istituzione cittadina. Per secoli, a Napoli, la camorra ha fatto da stabilizzatore sociale, ha avuto una crescita parallela a quella della città, ha surrogato i suoi poteri fragili; adesso è qualcosa di più e di diverso, è il capitalismo con pieni poteri e con dominio anarcoide. La moneta cattiva ha cacciato quella buona. Non c'è uno nella grande città che non si sia convinto che l'illegalità è necessaria per campare e che alla fine il disordine ha la meglio sull'ordine. Certo, le persone perbene, gli onesti sono più frequentabili degli altri, nelle loro persone, nelle loro case c'è uno stile, una storia, una cultura di persone civili, sono ancora un rifugio e una vaga speranza, ma la rassegnazione che passa come un'ombra nei loro occhi è terribile come la loro finta allegria.

Per anni il potere politico a Napoli – composto tra gli altri da Francesco De Lorenzo, Giulio Di Donato, Vincenzo Scotti, Antonio Fantini, Cirino Pomicino – ha progettato opere pubbliche che dirottavano il pubblico denaro verso la delinquenza. Almeno un quarto dei miliardi spesi per la ricostruzione del terremoto è andato agli imprenditori edili del Nord e alla camorra.

Ora il furto e l'estorsione sono diventati generali e hanno conosciuto un periodo ottimo grazie ai finanziamenti europei, il profitto illecito si è allargato all'usura, alla grande distribuzione, alla tecnologia, i clan hanno messo le mani sulle reti telefoniche, specie sulle linee dell'Oriente in crescita. E continuano a incassare gran parte del denaro che lo stato spende per tenere in vita la città e il contado superpopolato. Fra le spese anche quella per fare entrare in finale a Castrocaro la canzone *Uè Pascà*, e per continuare ad avere come modelli veline famose.

A Napoli come a Palermo la gente del posto vanta una

sua presunta inimitabile conoscenza delle criminalità, i forestieri che se ne occupano sono dei presuntuosi dilettanti, non conoscono il linguaggio segreto, l'anima segreta delle "onorate società". Anche magistrati di grande valore come Falcone e Borsellino vantavano questa loro specialità e superiorità nativa. Ma non ci sono segreti, ci sono solo organizzazioni di persone che vogliono guadagnare facilmente violando la legge.

Non aiuta a capire le "onorate società" neppure il linguaggio tecnico dei poliziotti, per esempio del questore di Napoli Oscar Fiorioll: che dice: "Io non credo nel presidio totale del territorio, non credo alla sorveglianza immobile, alla rete dei commissariati che stanno a guardare. Meglio una presenza dinamica sul territorio, meglio dare l'impressione ai camorristi che li bracchiamo di continuo. La forza della camorra a Napoli dipende dal degrado, dal fatto che questa società produce di continuo sradicamento e ribellione". Ma le spiegazioni specialistiche come quelle antropologiche lasciano il tempo che trovano di fronte al disastro irreparabile che è di molte metropoli. Le cose rotte, marce, friabili, non le rimetti assieme per bravo impastatore che tu sia. La rivoluzione industriale che ha cambiato la faccia di altre regioni italiane qui ha ingigantito i problemi di base della convivenza. Prendi un poveraccio senza istruzione e senza lavoro, lo sistemi in un quartiere nuovo ma senza scuole e servizi e resta come prima. La miseria napoletana deborda da ogni parte come l'immondizia per le strade.

12.
L'estorsione totale

Nell'estate del 2003 si arrivò vicinissimi all'estorsione totale, girò la voce che la camorra avrebbe imposto il pizzo anche sui condomini popolari. Poi si fermò alle case in costruzione. E qui o si paga o sono dolori; la più recente intimidazione è avvenuta all'Arenella dove la camorra ha sparato, ferendoli, ai muratori che stavano su un'impalcatura. Ci sono vari livelli di richiesta: o una tangente secca che va dai cinquemila ai trentamila euro, oppure una percentuale dell'8 percento sull'intero investimento o anche l'impegno del costruttore ad acquistare i materiali da una ditta amica alla camorra. Chi non ci sta chiude il cantiere, per chi resiste ci sono le squadre camorriste armate di fucili a pompa.

La camorra non è mai stata così forte e arrogante. Ci sono a Napoli tredici chiese sconsacrate che usa come garage e officine, è entrata nel commercio del tessile e degli alimentari, nella grande distribuzione, nello spettacolo e nella moda, nello smercio di acquasanta e di amuleti, e soprattutto in quello della droga; droga tagliata, pessima, destinata ai giovani senza lavoro che rubano per averla. Molti pubblici impiegati sono pagati dallo stato per fare gli interessi dei camorristi. La Napoli della "grande armonia" fra la bellezza dei luoghi e la felicità degli abitanti non è mai esistita, c'è sempre stato, come diceva il Filangieri, "un disordine che ogni giorno si rimpasta in nuovo disordine" come una piena del Nilo che avvolge tutto con il suo fango.

Tutte o quasi le strutture amministrative hanno una doppia funzione, lavorano per i cittadini come per la camorra, alcune per scopi contrari a quelli per cui furono fondate. Un incubo cui non si sfugge: "fujtevenne", scappate, ha gridato ai fedeli il parroco di Forcella. Ma i napoletani non vogliono andarsene da Napoli, si raccontano storie esemplari di questo attaccamento, la signora che si è trasferita sul Garda in una bella casa, fra gente onesta, che continua a sottolineare alle amiche la sua voglia di tornare a Napoli, o anche il camionista emigrato al Nord che quando torna con un carico a Napoli e si affaccia sul golfo non trattiene le lacrime. Ma con i buoni sentimenti non si esce dalla miseria. Il reddito medio resta fra i più bassi in Italia, pochissimi denunciano le estorsioni, equivale a denunciare chi te le ha chieste. Ogni alluvione, ogni disastro naturale si traduce in un furto colossale: per la frana di Sarno sono stati spesi, per le sole riparazioni, seicentocinquanta milioni di euro, ed erano danni per la maggior parte inesistenti. In Campania i furti d'auto in un anno sono quarantamila, quasi tutte finiscono sui mercati esteri. La camorra gestisce il commercio, paga cinquecento euro per una vettura, millecinquecento se fornita di documenti, e ne spende millesettecento per trasportarla oltremare. Il centro delle spedizioni è Ponticelli, da lì ne partono ogni giorno a centinaia.

La camorra si occupa anche degli ammalati, nel senso che gestisce il loro trasporto, incendia le autoambulanze delle ditte concorrenti, porta e ritira gli ammalati senza certificati medici di accettazione e di dismissione. C'è una tariffa comunale di quarantacinque euro dentro Napoli, ma la camorra ne fa pagare cinquecento-seicento. Ogni tanto la polizia trova un foro nella parete di una banca, dentro ci sono generatori di corrente, picconi, perforatrici pronti all'impiego. Il commercio dei medicinali rubati interessa farmacisti, dottori, vigili urbani, l'idea di sfuggire al controllo camorrista è una pia illusione. Un consorzio regolarmente costituito ottiene l'appalto degli ormeggi nel porticciolo di Mergellina. Non ci si è accorti che del consorzio fa parte un noto camorrista e che le ispezioni della camorra sui pontili continuano.

Dicevo del pizzo sulle costruzioni. Si apre un nuovo cantiere e passano gli ispettori della camorra che chiedono di parlare con "'o masto". Se il *masto*, il direttore dei lavori, non c'è dicono di fargli l'*ambasciata*. Se il costruttore rifiuta di trattare si arriva all'intimidazione.

13.
La vendetta della camorra

Racconta una giovane giornalista: "Io abito dalle parti di Capodimonte e di notte sento sparare. Telefono alla polizia e capisco che non vogliono interessarsene, ritelefono e arrivano in forze, bloccano il quartiere, arrestano un pregiudicato. La notte seguente tutte le automobili in sosta vengono disintegrate a colpi di mazza". La camorra ha punito il quartiere che ha chiamato le guardie. In una città così, che cos'è preoccupante? Tutto è niente; si può stare tranquilli per mesi e un giorno, come riferisce la stampa, "avvengono dei fatti dai risvolti inquietanti". Il collaboratore di giustizia Luigi Diana ha avuto la casa incendiata, in pieno giorno a Casal di Principe. A sua sorella hanno devastato la casa e rubato un'auto che poi è stata trovata bruciata. La lotta alla microcriminalità è quasi impossibile. Arrestano uno scippatore e gli requisiscono il ciclomotore, ma a norma delle leggi vigenti il ciclomotore sottoposto a fermo amministrativo perché sprovvisto di assicurazione deve essere restituito al proprietario, che è il fratello dello scippatore, i due possono riprenderselo. Una turista inglese, Anna Blackwood, scippata e ferita, scrive nella denuncia che non tornerà mai più "in questo posto assurdo". Assurdo, la parola giusta.

Napoli è diventata una città postindustriale di narcotrafficanti dove non si sa da che parte stia la gente. Le donne di Scampia, mogli di spacciatori, rovesciano le auto della polizia. La polizia arresta un camorrista e scopre che è un ex operaio dell'Italsider, sindacalista, diventato capoclan di Monteruscello. Intanto in un circolo culturale si discute di storicismo e delle opere di Meinecke, Ranke, Troeltsch.

Per farsi un'idea della pervasività della camorra, della rete che avvolge l'intera città, onnipresente, soffocante, a tutti i livelli, a tutti gli incroci, facciamo l'esempio dell'inchiesta sul racket della linea 1 della metropolitana. Centinaia di arresti in tutta la scala degli uffici pubblici, delle professioni, dei controlli delle informazioni. La banca dati della regione Campania, su carta intestata della regione Campania, su testi battuti dai suoi impiegati ha lavorato gratis per il potente clan dei Misso e delle ditte di costruzioni più note: la Asia, la Metrosud, la Capaldo. I caschi bianchi dei vigili urbani, i funzionari dell'Antimafia sono complici del malaffare: i vigili accettano denaro per coprire gli abusi edilizi, impresari e pubblici ufficiali sono coinvolti in associazioni camorristiche, le passano i segreti di ufficio. In carcere finiscono i dipendenti della presidenza del Consiglio regionale, gli ingegneri, mentre il comandante della sezione dei vigili urbani della procura ha obbligo di presentazione all'autorità giudiziaria, interdizione dai pubblici uffici e così per decine di funzionari. Un intrico di guardie e ladri che non perdona: imprenditori costretti a pagare per non subire agguati e imprese che violano le regole urbane, certificati di residenza, stati di famiglia, permessi che circolano all'interno della camorra all'insaputa degli interessati, un dipendente del Consiglio regionale che ha le mani in pasta nei concorsi truccati per guide turistiche. Gli uffici pubblici sono stati informatizzati ma il numero degli impiegati è rimasto tale e quale e anche la loro produttività.

Nessuno calcola i costi spaventosi del traffico urbano, che non è solo questione di soldi ma anche della generale depressione che deriva dalla difficoltà di vivere, spostarsi, incontrarsi. Il denaro pubblico attende solo di essere dirottato a camorristi e ladri. A Bacoli, i rimborsi sanitari sono erogati senza alcun controllo, spesso in seguito a scambio di mazzette. Il centro bacolese non dispone di spazi e strutture adeguate, ma ha incassato dal 1996 al 2003 sedici milioni di euro dallo stato. Ma ha meno dipendenti del necessario e parte di quelli che ha non possiedono titoli di studio riconosciuti. Un caposala è arrivato da Bruxelles con una laurea falsa.

A Napoli hanno scippato pure il mare, lungo le grandi strade consolari che portano al Nord, il territorio è stato occupato e devastato da un'urbanistica demenziale, i terreni costieri sono devastati da stagni di acqua putrida, nei tratti di spiaggia libera si ammassano la domenica gli abitanti di un hinterland polveroso e tutte le strade che portano al mare sono strette, sconnesse, percorse da camion e carrette.

14.
Il nuovo procuratore

La procura sta nel Centro direzionale come in un fumetto giapponese: Napoli spalmata lungo il mare con le case ad altezza umana e il nuovo Centro direzionale, che la città rifiuta, tutto verticale, tutto blindato, e non si capisce perché un architetto giapponese debba averlo costruito in uno dei quartieri più sfasciati della città, difficile da raggiungere. Blindato nelle sue ferramenta e verticale ma con grande risparmio di ascensori, almeno nel Palazzo di giustizia. Ce n'è uno solo che parte dal sotterraneo con un carabiniere di guardia alla porticina. Dentro si sta stretti, uno contro l'altro. Stretti anche i corridoi degli uffici finché non si svolta in quello del procuratore Lepore, immenso con la bandiera tricolore accanto alla scrivania immensa, su cui non si scrive ma si comanda. Nella burocrazia italiana la dimensione dei mobili è il simbolo del potere. Mi raccontava il giudice Borsellino di quel procuratore che si rifiutava di trasferirsi da Palermo a Trapani perché la sua scrivania a Trapani era più piccola. I carabinieri sono in divisa ma sembrano in borghese, hanno gli alamari e le bande rosse ma fra i mobili finlandesi sembrano fuori posto.

Il procuratore Lepore è alto, cortese e disponibile per quanto possa esserlo uno che guida la procura più difficile d'Italia. Il procuratore ha subito chiamato il dottor Di Persia che si occupa di camorra; ricordate, è lui il magistrato che fece arrestare Tortora, si ritrovò in un guaio infinito e a trent'anni di distanza preferisce non parlarne. Di

Persia spiega in breve l'impotenza della procura, che Lepore ascolta con gesti di assenso: i clan camorristi della provincia sono centodieci, quelli di Napoli una quarantina. La lava umana che scende sulla città con i suoi giovani sempre più affamati e arrabbiati piega tutto; scende in strada anche di buon mattino c'è già la calca, non sai diretta dove, di quanti cercano lavoro e cibo quotidiano. Il mangiare a Napoli è ancora un'ossessione, "pur isso deve mangiare, ai suoi figli deve dare da mangiare". Venendo dal Nord degli sprechi e del mangiar rapido nei bar capisci che il cibo qui è ancora un pensiero fisso, una misura della vita. Dice il procuratore: "Ci rimproverano di vivere alla giornata, di arrivare impreparati alle grandi svolte. Quella del terremoto è stata presa nel modo che lei sa e non mi pare che la lezione sia servita. L'inchiesta di Scalfaro è stata dimenticata. I capi politici compromessi sono tornati tutti in politica. Sa cosa le dico: un notabile politico in questo paese è più potente di tutti, della giustizia come della camorra, i politici non perdonano".

Il procuratore è desolato e lo siamo anche noi. Lo scandalo del terremoto è ancora ben presente nella provincia campana, l'apparato politico si era assicurato subito la produzione di calcestruzzo, decideva i finanziamenti, trovava l'accordo con la camorra. Il procuratore è desolato, ma a quella prova la magistratura è mancata. I magistrati che dovevano controllare i politici e gli affaristi non hanno controllato un bel niente. E ora le sentenze sono arrivate, ma di assoluzione: dei Gava e dei De Lorenzo. È stato condannato, ma è fuori più pimpante che mai, Cirino Pomicino. La borghesia napoletana si dichiara sempre innocente, ma quando c'è un furto gigantesco lei c'è dentro. Chiedo a Lepore che fine abbia fatto il pentimento del grande camorrista Alfieri, che per decenni fu il padrone del nolano. Perché si è pentito? "I camorristi pentiti," dice Lepore, "dicono tutti le stesse cose: hanno capito di avere sbagliato, hanno pensato ai figli, a Padre Pio o a qualche altro santo che li ha riportati sulla retta via. La verità è che si pentono quando stanno per essere eliminati dai concorrenti, quando i giovani pronti a sostituirli gli sono ormai con il fiato sul collo: meglio in galera vivi che ammazzati. Ci sta anche la crisi religiosa, aiuta a digerire la sconfitta e poi il camorrista è uno che non smette mai di credere nella sua fortuna, uno che continua a credere di essere più furbo e più forte degli altri. La camorra riflette il carattere dei napoletani: ogni capo è re nel suo clan e continua a pensare di esserlo anche se sconfitto. Forse è la difficile scuola della vita di Napoli a creare la mentalità camorrista. A Napoli è difficile fare il camorrista, come fare il bidello o il politico o il poliziotto. Il modo di vivere alla giornata è di tutti. Siamo nati per complicarci la vita, per distruggere ogni volta il bene che abbiamo fatto. E la miseria giustifica tutto. Nel quartiere di Scampia ci sono cinquemila poveri disperati, per ignoranza ed emarginazione e la camorra garantisce loro mille euro al mese con il commercio della droga. E poiché vivono di questo, le loro donne danno l'allarme quando arrivano le 'guardie' e le attaccano. Gli italiani stanno sempre dalla parte dei ladri. Basta paragonare i film polizieschi italiani a quelli tedeschi, dove il poliziotto è rispettato, accolto, non guardato con sospetto."

15.
L'albergatore Maione

L'avvocato Maione è il padrone del primo albergo di Napoli: il Vesuvio, davanti a Castel dell'Ovo e al porto dei ricchi dove un posto barca per un anno può costare trentamila euro. E fra gli yacht giganteschi passano, come moscerini, le barchette degli scugnizzi che vanno a fare il bagno nella vasca che sta dopo il ristorante Ciro, fra i potenti bastioni della fortezza. Non si sa chi conceda loro il privilegio di bagnarsi nel mare più caro di Napoli ma sono pochi, una decina che il vigile urbano di guardia conosce e lascia passare. Dalle otto del mattino il vigile in divisa bianca sta sdraiato su una poltrona all'ingresso del pontile che porta al castello, verso cui è già cominciata la processione degli sposi che arrivano dalla città e dal contado per la fotografia "storica". Poi si sposteranno a Palazzo Reale e al Maschio Angioino, in formazione famiglia, la sposa in abito bianco con il velo, la madre, lo sposo e l'autista in nero. Il passaggio è libero, il vigile fa un saluto amichevole, gli sposi entrano nel castello nei cui saloni si celebrano i riti della napoletanità. L'hotel Vesuvio non è per loro, è per quella élite di italiani pagati dalla ditta e di americani che possono permettersi di alloggiare nell'albergo che sta nella catena dei più ricchi e famosi del pianeta.

Che rapporti ha con Napoli l'avvocato Maione? Non di camorra, mai avvicinato da un camorrista. Chi sia stato avvicinato da un camorrista a Napoli è un mistero, nessuno è mai stato minacciato o ricattato da un camorrista.

La camorra, come la mafia, è "aria che cammina", aria della grande città.

Che rapporti ha con Napoli il padrone del Vesuvio che vive in mezzo alla camorra ma non la incontra mai? Una telefonata, un segnale e arrivano nell'albergo dall'aria gelata taxi, facchini, pesce freschissimo, vini pregiati, mozzarelle turgide per le cucine al primo piano e al nono dove c'è il terrazzo con vista sul golfo e i gabbiani arrivano in volo planato, bianchi, grandissimi ma a filo della terrazza virano silenziosi.

"Dove li prende, avvocato, questi camerieri irreprensibili e belli, le donne per il servizio in camera con *allure* signorile che riassettano la stanza rapidamente, rispondono a tono a qualsiasi domanda come se arrivassero da un altro pianeta."

"Ho centodiciotto dipendenti," dice, "e ogni giorno mi arrivano una trentina di domande di assunzione. La maggior parte di donne del contado, educate, intelligenti: piange il cuore a doverle rimandare." Il dramma vero di Napoli è il distacco fatale, enorme tra le potenzialità del popolo e i risultati civili. A Napoli c'è una gioventù bellissima che anni fa non c'era o si nascondeva. Dovunque, a piedi o in motoretta, a un angolo in attesa della fortuna o di corsa per acciuffarla, ragazze splendide, magre, scattanti. Le giovanissime dominano nel centro, hanno cacciato le anziane e le vecchie. Al centro non si vedono più donne grasse e dai piedi dolenti, bastano due fazzoletti colorati per vestire i corpi asciutti di ragazze in fiore che corrono nella folla, saltano sugli scooter, volano via abbracciate alla schiena del loro ragazzo abbronzato e ricciuto. Bionde, con occhio ceruleo e brune un po' berbere con zigomi segnati, rapide e sicure. E se sono così da adolescenti dovranno pure essere stati così i loro parenti, e questa umanità ricca di doni e di bellezza, di intelligenza e di generosità dovrà pure liberarsi un giorno dalle sue cicliche disperazioni.

"Sono stato a Stoccolma di recente," dice Maione, "e ho trovato in stanza una raccomandazione della polizia: non portare al braccio Rolex di valore, non portare la borsetta a tracolla, non camminare soli di notte. In tutte le città del mondo si trovano presidi di polizia nei luoghi turistici. Qui hanno scippato la moglie di un noto scultore davanti al Vesuvio. Mi chiede della camorra? L'incremento dei delitti non è una crescita esponenziale ma una recrudescenza per il controllo del territorio e per il traffico della droga. Il 'rinascimento napoletano' di cui si parlò con Bassolino sindaco fu merito di un'amministrazione audace e ricca di fantasia, ma soprattutto di un ottimo ufficio stampa. Ha avuto vita breve. Le idee sono scomparse con gli entusiasmi. Restano i soldi della camorra e del governo, molti soldi. Basta guardare le automobili, macchine da centonovantamila euro, Suv giganteschi che sono un assurdo per una città di strade antiche e strette. Dicono che abbiamo un patrimonio artistico e turistico fra i primi al mondo ma non direi che i signori napoletani si dannino per conservarlo. Conosco famiglie nobili che abitano in palazzi belli ma cadenti. Pareti e mura in rovina, salvo l'alloggio padronale che conserva mobili antichi e quadri di valore. Siamo a venticinque minuti da Capri e a trentacinque da Positano, non potremmo essere più privilegiati dalla bellezza e dalla storia; potremmo stare in un paradiso, ma la bellezza da sola non basta, senza vita civile diventa un tormento, ti affacci sul golfo bellissimo e pensi: ancora qui, solo questo? Una vita civile non la vogliamo o ci sfugge di continuo. Prima di Bassolino abbiamo avuto Cirino Pomicino, Gava, De Lorenzo, Scotti e prima ancora i Lauro, i qualunquisti, i monarchici e la grande svolta non c'è stata. Fra destra e sinistra io non vedo grandi differenze. La destra non esprime nessuno di accettabile, la sinistra si regge su questo vuoto. Non si può vivere a Napoli? Si può vivere ma con fatica e rassegnazione. Si direbbe che ai napoletani questa forte presenza criminale non tolga il sonno e che, in fondo, questo condominio piaccia, fra sussidi che non creano economia sana e malviventi che si ammazzano fra loro. A Napoli viviamo fra mille problemi risolvibili ma non risolti. Prenda la microcriminalità, è la stessa delle altre grandi città, potrebbe essere circoscritta, si potrebbe annullare la sua virulenza. Ci sono le leggi ma nessuno le applica, lo scippatore arrestato viene subito messo in libertà. Perché? Perché così vuole il garantismo, perché per tener buona la plebe conviene chiudere un occhio, perché le cose vanno così. La borghesia ha voltato le spalle all'impresa perché la finanza del sottogoverno è più comoda e più redditizia, perché l'informazione si è adattata, perché tutto cambia e tutto resta uguale, si discuteva di Bagnoli vent'anni fa e se ne discute ora, non c'è altra città che abbia tante associazioni per la rinascita, ma niente cambia."

16.
Il caos quotidiano

Il 30 giugno del 2005 gli albergatori di Napoli hanno mandato al sindaco questo Sos: "Se non fermate il degrado in piazza Garibaldi affosserete l'unico settore produttivo della città: il turismo stabile. Un intero comparto è minacciato ogni giorno dalla vergognosa condizione in cui è tenuta l'anticamera del centro storico. Basterebbe poco: più illuminazione, più igiene, più controlli nella zona a ridosso della stazione ferroviaria. Proprio ieri, sotto gli occhi del titolare dell'hotel Terminus, Antonio Lettera, tre scippatori hanno aggredito una coppia di americani: uno ha strattonato l'uomo cercando di portargli via un orologio d'oro, un altro lo ha borseggiato. L'americano ha tentato di resistere. Vicino c'era una bancarella e l'ambulante ha finto di non vedere. I due turisti venivano da Capri, volevano scappare subito su un Eurostar senza nemmeno presentare denuncia. Il personale di altri grandi alberghi, il Plaza, il New Europe, si lamentano, i turisti scappano. E sì che in questa area è concentrato il 40 percento dei posti letto".

E il comune che fa? Mette duecento piantine di rose nelle aiuole su cui passeggiano i topi, cerca di cacciare gli "abusivi", un nome che comprende i ladri, quelli che dormono nell'atrio, i barboni, gli spacciatori di droga e un tale che ha piantato la sua tenda azzurra davanti all'ingresso della stazione. Nella tenda i vigili hanno trovato abiti appena rubati. Ma il barbone sa che Napoli è la città più tollerante del mondo, l'unica, diceva il marchese de Sade, in cui un assassino può circolare tranquillo. Il barbone resiste e grida: "Voi non fare questo a me" e l'indomani la sua tenda azzurra è di nuovo piantata perché Savov, così si chiama, è testardo. Il comune ordina le bonifiche, per qualche giorno gli spazzini raccolgono le siringhe dei drogati, viene cacciato anche Nadir che dorme in uno dei boschetti della piazza, si rintraccia la segnaletica stradale e si mettono in vendita settecento minispazi pubblicitari con tanto di paletti di protezione e rettangoli di ferro zincato, cinquantacinque per ottanta. In comune pensavano di ricavarne quattrocentomila euro in un anno, ma i paletti e il ferro zincato sono spariti.

Gli abusivi stanno alla posta vicino alle macchine che distribuiscono i biglietti ferroviari. Se uno sbaglia e ritira la sola prenotazione il biglietto lo prendono loro, gli abusivi, e corrono subito a farselo rimborsare.

Di notte vengono chiusi l'atrio e le sale d'aspetto. Dice un'impiegata: "Alle sette di sera dobbiamo chiuderci dentro: è pieno di scippatori, non possiamo vendere bevande e panini ai viaggiatori che definiscono questa di Napoli 'la peggiore stazione d'Italia'. Gli abusivi sono onnipresenti. C'è chi fa sparire un carrello portabagagli e si propone come facchino, i tassisti senza licenza e senza tassametro non si contano. Qualcuno denuncia, ma non cambia niente, la polizia ferroviaria non vuole grane con gli abusivi, per quieto vivere viene a patti e lascia che vendano guide della città, fiori. C'era un fiorista regolare, aveva un chiosco con un lucchetto ma glielo hanno scassinato". Il vicesindaco, il professore Rocco Papa, fa una ricognizione in piazza Garibaldi, convoca i direttori degli alberghi, mobilita il personale ma l'indomani quello che fa il gioco delle tre carte è al suo posto con i due vecchi compari che fingono di giocare per spennare i polli di passaggio. Il fatto curioso è che in questo caos che la camorra provoca, o consente, a guadagnarci è lei ma tutti sembrano convinti che la camorra sia buona, che a muovere il denaro sia lei. Al fatto che i monopoli della violenza soffochino il mercato non pensa nessuno.

17.
Mai più

Mai più in auto per il centro di Napoli; alle dieci del mattino un giro da incubo per corso Umberto, piazza Garibaldi, via Duomo, via dei Tribunali, nel vano tentativo di arrivare ai quartieri alti. Ha ragione quel taxista che dice "le corsie preferenziali sono quelle che uno preferisce", ma seguendole arriviamo a un intasamento senza respiro; stanno rifacendo il fondo della strada, tutti salgono sui muretti appena eretti sui cumuli di ghiaia, continuando a premere con il palmo della mano, a colpetti, il clacson, ne esce un concerto estenuante di infiniti "voglio e non posso ma voglio ugualmente". Sul lato destro appaiono d'improvviso quattro marinai della flotta russa da guerra con il cappello bianco a padellone, persi in quella ressa mugghiante come su una banchisa. Guida una cronista napoletana, che di colpo svolta a destra e s'infila in un carruggio in senso vietato. Ha visto uno degli ausiliari al traffico assoldati dal comune, in borghese, senza paletta ma che dirigono egualmente, a modo loro. Il carruggio è in senso vietato, l'uomo fa segno di andare avanti e la cronista va e ringrazia. Da quel pertugio giriamo in una strada in salita dove siamo affiancati da persone con bende insanguinate che hanno mollato le autoambulanze ferme per arrivare al pronto soccorso di un vecchio ospedale. Sulla porta stanno degli infermieri che sembrano dei facchini in attesa di bagagli all'arrivo di un treno. Proseguiamo a passo d'uomo per una salita che porta a una caserma della polizia. C'è uno spiazzo, ma per le auto dei poliziotti di pronto intervento è impossibile muoversi perché all'ingresso si è formato un ingorgo di macchine che vorrebbero tornare indietro e non possono. Nel ventre di Napoli tutto non si può e poi si può. Ora siamo in una strada diritta in salita, su cui si affacciano dei negozi di mobili dove è impossibile entrare perché le auto in sosta sui lati fanno muraglia e appena una se ne va un'altra la rimpiazza. Quelli dei negozi non protestano, stanno sulla porta e chiacchierano fra loro. Le automobili napoletane possiedono una sorta di guida automatica per cui vanno diritte contro un'altra ma si fermano a cinque centimetri e si disincagliano come se il guidatore le sollevasse sopra il groviglio. La soddisfazione di quelli che vanno in motorino passando dentro gli intrecci metallici, scavalcando le auto, spintonando i rari pedoni si manifesta in gai suoni di clacson o di trombette anche loro sincopati, perché l'avviso rapido deve bastare. E questo modo di spostarsi nel centro della città non è una tortura ma un piacere.

Come si racconta nella cantata che un anonimo intellettuale scrisse per celebrare la vittoria di Bassolino alle elezioni.

"Io posseggo un ciclomotore e non mi do gran pena,
ogni giorno m'immergo nella folla
e se non son ben svegli tutti quanti,
non faccio per vantarmi, io li travolgo.
Per me ogni strada non vale più di un gabinetto
e mi sento un padreterno sulla sella,
persino sulle uova io posso sfrecciare
prova a fotografarmi se ci riesci
quando a capofitto nell'oscurità
stringo sotto il muro chi passeggia
nel vicolo sempre al buio.
E come si lamenta
e che vuole?
In una calca impressionante stamattina
andava in moto una signorina con una amica
davvero Napoli non può cambiare.
E si precipitava a ogni passo

urtava una persona e provocava scompiglio.
Ora te lo dico chiaramente,
come lo fermi un traffico senza sorveglianza?
Di giorno, fino a tardi, avanti e indietro
la moto va al galoppo e tu cosa vuoi farci?
Dove c'è gusto non c'è perdenza.
Consideriamo come è gioioso, amico picchiatello,
andare per il centro antico
al quale abbiamo tolto tutto."

Una ballata di accusa o di compiacimento?

18.
Piero Craveri e Percy Allum

Piero Craveri, il nipote di Benedetto Croce, fa lo storico come suo nonno. Ha una casa di montagna a Morge, in Valle d'Aosta e la cattedra alla Federico II di Napoli. E cita il nonno: "Nella storia del Regno di Napoli, Croce spiega perché nel municipio si è sempre sentito a disagio. Napoli è stata per secoli capitale di una monarchia assoluta, amministrata da un potere centrale, da una reggia. Il comune è secondario nella sua storia. Sono stato consigliere comunale ma nell'aula consiliare mi sono sempre sentito straniero, non l'ho mai percepita come il luogo in cui si fa politica, si amministra, ma dove il capo della maggioranza distribuisce posti e favori ai suoi fedeli. Più che mai oggi. Bassolino non è più sindaco, ma è come se lo fosse: ha accentrato tutti i poteri. L'opposizione non esiste. È il modo di fare politica dei meridionali, andare tutti dalla parte del vincitore. Qui, a contare i numeri, un ritorno della Dc sarebbe possibile; quelli che provengono dalla Democrazia cristiana hanno ancora la maggioranza, più che nel 1977, ma Bassolino ha il potere e lo seguono. È lui il demiurgo e l'arbitro. De Mita ha provato a sconfiggerlo ma non c'è riuscito. Anche perché gli eredi del Pci si comportano come la vecchia Dc. Bassolino ha personalità, sfrutta persino la balbuzie, gestisce da boss, distribuisce pani e pesci, è abile. Ma non ha opposizione, la destra è inesistente. Alleanza nazionale aveva un uomo di valore, Rastrelli, ma lo ha perso; oggi i Martusciello rimpiangono il comandante Lauro.

Sono pessimista: l'economia è in profonda crisi, si regge sui finanziamenti dello stato e dell'Europa. Di buono ci sono le università e i giovani studenti intelligenti, evoluti. Ho l'impressione che sia meglio Palermo, più reattiva, più compatta. L'eredità della trimurti dei Gava-Pomicino-De Lorenzo è pesantissima e ora stanno tornando alla ribalta. Gava ha scritto un libro in cui parla di sé come di una vittima. La camorra c'è, ha tentato persino di entrare nell'università. Il rischio è stato forte perché se parli con la camorra sei finito. La diminuzione dei flussi di denaro pubblico, il calo dell'imprenditoria locale hanno favorito la camorra, il sistema industriale si regge sul lavoro nero, il 50 percento del totale".

Alla Federico II incontro Percy Allum, il sociologo inglese, autore di libri famosi su Napoli, che dopo il lungo soggiorno sta per rientrare in patria. Ha una sua tesi sull'evoluzione della politica napoletana: "Bassolino ha dovuto affrontare la stessa sorpresa che hanno incontrato Clinton e altri capi di governo: la caduta del Muro di Berlino. Prima si governava sulla presenza minacciosa dell'Unione Sovietica, o si era con lei, con i suoi miti, con i suoi carri armati o si era contro. Scomparsa quella pietra di paragone chi era al governo ha voluto inventare una politica nuova. Bassolino ha creduto che la politica nuova fosse il governo D'Alema, è andato a Roma ma ha capito presto, otto mesi, che lo avevano incastrato. Era rimasto anche senza Marone, il suo consigliere. Bassolino, come Clinton, ha cercato di investire in politica interna e c'è in parte riuscito, ma per fare le riforme ci vogliono moltissimi soldi. Per portare a termine imprese come la conversione di Bagnoli devi starci addosso tutti i giorni, avere risorse infinite. Io torno a casa, vedrò da lassù come andrà a finire".

19.
Il cardinale e i suoi parenti

Il cardinale di Napoli, Michele Giordano, viene dalla Basilicata, dalla Val d'Agri dove oggi si pompa il petrolio. Precisamente da Sant'Arcangelo, dove è nato il 26 ottobre del 1930. La sua carriera ecclesiastica è rapida. Nel 1974 è vescovo di Matera, nel 1987 è chiamato Napoli per succedere a Corrado Ursi, un anno dopo è cardinale. Uomo giusto per un tempo in cui è presidente del Consiglio Giulio Andreotti, ministro degli Interni Antonio Gava, delle Finanze Emilio Colombo, a dirigere la finanza vaticana c'è Marcinkus e al Banco Ambrosiano quel Calvi che finanzia per conto di papa Wojtyla Solidarność. Potentissimo e rispettato, il cardinale ogni anno celebra il miracolo di san Gennaro, del sangue che si scioglie, di fronte a un compunto Bassolino in abito scuro. L'idillio nero rosso finisce quando arriva a Napoli il procuratore Agostino Cordova, che non attacca personalmente il cardinale, ma lascia che le indagini sul suo conto seguano il loro corso. E in breve, lo scontro fra la procura e la curia, che ha sede nel largo di Donna Regina, esplode.

Come è nata l'inchiesta? Il 26 luglio del 1998 gli agenti della polizia salgono al terzo piano di un palazzo di corso Vittorio Emanuele dove sono in corso dei lavori in un appartamento dell'Arcidiocesi di Napoli, precisamente nell'appartamento della signora Martina Laino, una vecchia che ospita delle suore. Le suore sono state sfrattate e dicono ai poliziotti: "Siamo vecchie e poi il cardinale ha veramente bisogno di casa? Non lo sappiamo". L'appartamento sta in via di Montemiletto, a due passi dalla curia, e i lavori di ristrutturazione sono già iniziati. Il cardinale li ha affidati a due suoi nipoti e ha dato loro un anticipo di duecentocinquanta milioni. La polizia indaga, lo scandalo è enorme. Un cardinale sotto processo? Inutili le proteste della curia e del Vaticano, il cardinale e i suoi nipoti vengono processati e condannati al risarcimento dei danni. Pasquale Colella, professore milanese di diritto canonico commenta: "Il cardinale doveva vigilare sulla correttezza dei lavori, invece ha autorizzato opere di ristrutturazione totale che comportavano ampliamento volumetrico e frazionamento dell'immobile in unità immobiliari autonome e distinte estese all'intero fabbricato". E concludeva con una citazione del Vangelo di Matteo: "Ciò che vi dico nelle tenebre ditelo in piena luce e ciò che vi si dice negli orecchi predicatelo dai tetti".

Ma a pochi giorni dalla condanna scattano i termini di prescrizione, lo scontro fra curia e procura, fra stato e chiesa, è rinviato.

È però in arrivo un altro scandalo: due piccoli commercianti di Lagonegro denunciano alla Guardia di finanza un'attività di usura. Il procuratore Michelangelo Russo ordina accertamenti patrimoniali e la finanza perquisisce la curia. Scandalo enorme. Segue l'arresto di un nipote del cardinale, Mario Ludovico Giuliano e del direttore della filiale del Banco di Napoli di Sant'Arcangelo. Qui compare Cordova: dirige le indagini il dottor Luigi Mamone, suo investigatore di fiducia. E poi c'è a Napoli chi si chiede ancora perché Cordova sia stato tolto di mezzo? Il papa Giovanni Paolo II, quello che vogliono santo subito, si schiera a difesa di Giordano, lo riceve in udienza privata e già si forma a Napoli il collegio di difesa di cui fanno parte anche dei massoni. L'11 dicembre del 2000 il cardinale e il nipote vengono assolti per "insussistenza di elementi probatori". Il cardinale vince e dà una lezione a quanti lo hanno fatto processare.

"I giornalisti? Asserviti ai loro padroni per campare. Sono indignato di essere stato processato dai giornali, è un reato e a tempo debito dovranno pagare." Seguono querele miliardarie. Ha vinto il cardinale dei miracoli. Il popolo napoletano, il più scettico e ironico della Terra è al tempo stesso il più superstizioso, si dà a modo suo una religione tollerante, fatta di gesti quotidiani millenari. Napoli è la città delle effusioni, porta in sé tutte le crudeli effusioni, dalle atellane a Pulcinella. Anche oggi un'insaziabile sete di miracoli domina la città. I miracoli più strani, da quello di padre Pio che partiva come un razzo diretto nell'alto dei cieli per salvare gli aviatori italiani abbattuti dagli inglesi, alla santa che consuma le scarpe come si può vedere nella chiesa del Carmine, al buco di una chiesa vicina in cui a metterci la testa ti passano i dolori, per arrivare a san Gennaro, un santo bizzarro di cui si legge nel diario di Norman Lewis *Napoli '44*: "Il compito di san Gennaro è di tenere a bada il Vesuvio a esclusivo beneficio di Napoli". Nel frattempo Resina e Torre del Greco sono state distrutte e ricostruite sette volte. Una volta sola san Gennaro ha permesso alla lava di raggiungere Napoli, nel 1799, e i napoletani non l'hanno presa bene: hanno tolto la sua immagine per collaborazionismo, per intesa con il nemico e lo hanno sostituito con sant'Antonio Abate. La statua del traditore san Gennaro venne gettata a mare, ma arrivò un'eruzione: sant'Antonio Abate si dimostrò impotente e quando ormai la colata si avvicinava alla città, alcuni pescatori vennero mandati a dragare il fondale marino per recuperare san Gennaro. I pescatori avevano un bel cercare ma la statua non si trovava. All'ultimo momento qualcuno si ricordò che c'era una statua di san Gennaro sul ponte di Maddaloni che fu portata contro la colata di lava e la fermò. Con questo miracolo i giorni di sant'Antonio erano finiti, san Gennaro era tornato anche se i maligni dicono che nelle mani del cardinale il sangue stenta a sciogliersi e bisogna ricorrere a uno dei monsignori della curia. Poi c'è san Pantaleone che dà i numeri del lotto alle ragazze da marito, da cui si risale agli auguri romani, e c'è la processione della Vergine con le galline di Piedigrotta, la Madonna che uscì una sera dalla grotta per camminare sulla spiaggia e lasciò le sue orme. Napoli non separa il passato dal presente, san Gennaro nasce nel rione di santa Patrizia, dove sorgeva il tempio di Cerere, dea della fecondità e degli inferi. E quando gli scienziati riuniti a Pavia hanno sentenziato che il miracolo di san Gennaro è falso, i napoletani hanno ribattuto: "Ma che vogliono questi scienziati che non sono neanche delle nostre parti?". Poco lontano dal luogo in cui sorgeva il tempio di Cerere a Secondigliano, hanno portato in processione un quadro del calciatore Maradona, in posa da condottiero con in testa la corona dell'Addolorata e sopra la scritta "'o rre", e a Soccavo gli hanno eretto un'edicola votiva. Nel diario di Norman Lewis c'è un personaggio delizioso, un vecchio napoletano, l'avvocato Lattarulo, affamato ma gran signore, che racconta a un ufficiale inglese le storie dei miracoli napoletani. "Mia zia, povera vecchia, crede a queste cose, io te le racconto per farti capire che tipo di mentalità esiste."

"Ma io penso," dice Lewis, "che questa zia non esista e che lui si serva di questo personaggio inventato di sana pianta per dar voce a tutte le superstizioni napoletane in cui crede e di cui finge di vergognarsi."

Nella provincia, nel nolano, nel casertano, il culto di padre Pio sparge la sua immagine in macellerie, pasticcerie, supermercati, negozi di abbigliamento, d'informatica, officine di auto e di moto, pizzerie, elettrauto, gommisti, ristoranti. L'immagine del frate appare anche sui calendari, sui portacenere, alcune mostrano le mani con le stimmate. Nei negozi eleganti il frate dei miracoli viene tenuto nel retrobottega, nel bagno. In strada padre Pio è presente sul parabrezza delle auto, al giornalaio c'è il mensile "Pietrelcina", il borgo natale del santo nella campagna di Benevento. Padre Pio è il santo dei contadini poveri e di quelli diventati ricchi; i pellegrinaggi ai suoi luoghi sacri sono interclassisti, le agenzie fanno pagare il biglietto sedici euro, compresi una bibita e un regalo finale. Tutti parlano del frate e dei suoi miracoli, che ognuno pretende di aver ricevuto, così il discorso su di lui diventa un discorso su loro stessi, sulle loro disgrazie e le loro fortune, storie tutte uguali: l'incontro con la morte, con la malattia, l'incidente stradale o naturale, salvati in extremis dal frate taumaturgo. Uomini e donne già affacciati sugli abissi dell'aldilà, sottratti all'ordine della loro esistenza, delle loro famiglie, da padre Pio, restituiti alla vita, lui tutore della sicurezza, massima aspirazione dei contadini esposti alle insidie del tempo e dei potenti.

Padre Pio, racconta Antonio Pascale nel suo *La città distratta*, è capace anche oggi di arrestare il traffico a Caserta perché un mattino appare il suo volto sulla facciata di una casa sulla Appia, nei pressi di Casapulla con inevitabile blocco della strada, migliaia di persone a vedere il miracolo, la polizia a mantenere l'ordine ma al decimo giorno si sparge la notizia di un'altra apparizione del frate sul muro di un'altra casa, con nuova occupazione della sede stradale. Tutti, o quasi, vedono nel muro una croce e, a lato, il volto del santo che, fatto inquietante, assomiglia a quello di Che Guevara. Giorni dopo si è scoperto che il volto era effettivamente quello di Che Guevara dipinto anni prima da un collettivo studentesco e tornato in superficie con i tratti distorti per le pioggs.

20.
La maledizione di Scampia

La maledizione di Scampia, il quartiere alto di Napoli, ha sconfitto tutti: realisti e utopisti, amministratori e sociologi. Un rione costruito *ex novo* per sessantamila persone con l'impegno di urbanisti, architetti, ingegneri, economisti, antropologi di chiara fama. Il risultato è che, oggi, uno che viene da Scampia trova difficilmente lavoro, anche il più umile; è segnato, è in fama di delinquente.

Gli abitanti registrati dal comune sono quarantamila, ma salgono a sessantamila con gli abusivi che si aggiustano negli scantinati, nelle baracche. La disoccupazione giovanile è del 50 percento, il parroco Vittorio Siciliano ha fatto un presepe in cui si vedono Ciampi, Berlusconi e Bassolino inginocchiati sotto un cartello "Restituiteci il lavoro". Scampia non è una *favela* o una baraccopoli, è una città sulle pendici di un vulcano che invece della lava erutta fiumi di gente nata male, come gli sfrattati del terremoto, i baraccati di via Marina e di via Siberia, una continua colata che ha seppellito il primo rione che aveva strade ampie, alberate e una popolazione normale di operai e d'impiegati. I famosi professionisti che hanno progettato Scampia questa invasione perpetua non potevano prevederla, e anche se l'avessero prevista non ci sarebbero stati ripari possibili. Il 50 percento di giovani senza lavoro, zero sportelli bancari, zero cinematografi, zero ospedali, laureati lo 0,7 percento. Uniche strutture funzionanti le quattro parrocchie e una rettoria dei gesuiti. La prima Scampia ha mantenuto una sua dignità popolare, la seconda è terra di nessuno. Dicono che le teste d'uovo che l'hanno costruita abbiano commesso degli errori come le famose Vele: i sette edifici giganteschi dell'edilizia popolare che arrivano al quattordicesimo piano, ma non ci sono ascensori, non ci sono negozi e neppure luoghi di riunione. Dei monumenti da abbattere. Il primo a essere demolito con una carica di dinamite è rimasto in piedi, si è dovuta ripetere l'esecuzione. Erano edifici davvero sbagliati? Forse, facendo mente a Napoli sì, ma se li avessero fatti a Francoforte o in Olanda con i servizi necessari e gli inquilini giusti si andrebbe a guadarli con ammirazione. I tre che rimangono in piedi sono dei fantasmi, fermi in un silenzio surreale. Racconta una cronista: "È una visione da incubo, non si vedono esseri umani, solo mani che nella penombra si scambiano droga e soldi". Gli intellettuali che vengono a vedere a che punto è Napoli dicono: ma come è possibile che abbiate sbagliato, con tutti questi grandi professionisti che avete convocato? Sì, hanno sbagliato, ma come chiunque al loro posto. Si sono fermati alla costruzione delle case, ma allora negli anni ottanta chiunque pensava che dare un tetto a tutti fosse la soluzione a ogni problema e che comunque andasse fatto. Poi bisognava provvedere al resto, ai servizi, alle scuole, agli svaghi, ma non c'era il denaro per farlo. A Napoli non c'è mai il denaro per ultimare i lavori. E Scampia è quello che è, nelle sue strade si raccolgono un quarto delle siringhe dei drogati dell'intera città, su una popolazione attiva di diciottomiladuecento persone ci sono undicimila disoccupati. E non c'è neanche oggi il denaro necessario, nonostante gli aiuti dello stato e della Comunità europea. Dice il sociologo Lamberti: "Per sistemare Napoli bisognerebbe aprire cinquemila cantieri. Da Scampia si scappa e niente arriva, doveva arrivare un supermercato delle Coop con seicento posti di lavoro e non lo si è visto, dovevano arrivare facoltà universitarie e istituti di ricerca e non si sono visti. Gli insediamenti pubblici, qui a Scampia e a Napoli, una volta inaugurati vengono spesso abbandonati: a Saviano c'è il nuovo quartiere ma non ci sono le fogne, a

Caivano c'è un parco con impianti sportivi e piscina coperta, tenuti chiusi per paura che i vandali li distruggano".

La ghettizzazione di Scampia, la cattiva fama che coinvolge tutti gli abitanti crea per reazione una difesa di chi ci abita, un rifiuto a confessare i propri mali. Per i giornalisti e gli studiosi in visita l'incontro non è piacevole, trovano un'ostilità scoperta, si fa capire loro che sono degli estranei, anzi dei nemici, come se venissero per offendere, per imporre le loro regole. "Non sembra neppure di stare a Napoli," è il commento ricorrente. "Ci intimano di allontanarci, con voce alterata gli occhi cattivi: 'Chi site, che vulite, jatevenne mo mo, ite, ite se no vi schiatteno 'e cervella'."

Le forze dell'ordine presidiano il territorio con i mitra spianati: "Sembra di stare in Algeria", commenta uno dei forestieri. "Ai posti di blocco gli automobilisti vengono fermati come se fossero terroristi, i modi della polizia sono coloniali."

La droga costa poco, ma è tagliata con sostanze tossiche. Può essere polvere bianca o una pallina color marrone. La si scalda sulla carta stagnola del pacchetto di sigarette. L'inalazione di questa droga sporca provoca crisi d'isteria. Possono rapinare anche un bambino e frugargli le tasche per trovare cinque euro. Una generazione è a rischio in una città dove la gente perbene finge di non vedere i matti e gli assassini.

Nel rione Sanità c'è un clan di giovani, il più anziano ha venticinque anni, noti come il clan dei "filatori": entrano nelle banche, nel salone degli sportelli e prenotano, per così dire, la rapina, segnando con un filo di cotone bianco lasciato sulla giacca chi ha appena ritirato i soldi della pensione. Possono scipparti di sera in luogo deserto come in pieno giorno. A un turista hanno cercato di strappare un Rolex mentre era in taxi in via Sannazzaro, lo hanno afferrato per un braccio, lo ha salvato il tassista accelerando. A Cardito, in via Madonna delle Grazie, un uomo di cinquant'anni sta tornando a casa quando lo affronta un giovane armato: "Dammi tutto quello che hai". L'uomo rifiuta, l'aggressore gli spara due volte alle gambe. Nel primo semestre dell'anno sono stati seimila gli arrestati, nell'anno precedente, rispettando la media, dodicimila, l'80 percento già tornati in libertà. "Servono leggi più severe," dicono in procura, "che ci consentano di punire la recidività."

Oppure il branco è usato dalla camorra per i sabotaggi: un gruppo di giovani viene impiegato per impedire la raccolta della spazzatura, i netturbini escono dai depositi di via Cervi, la strada sembra tranquilla, non si vedono motociclisti, d'improvviso arriva un lancio di copertoni di camion che rimbalzano alla cieca, colpiscono e lasciano a terra i malcapitati. C'è chi sostiene che l'aggressione non sia camorrista, ma di una corrente sindacale probabilmente finta. Insomma, per non sbagliare, il caso viene archiviato. Non è facile opporsi al branco. Due vigili urbani sorprendono dei rapinatori, uno spara un colpo di pistola e li mette in fuga. Si aprono alcune finestre e si affacciano delle donne che insultano i vigili: "Eh, per una borsa la fate tanto lunga". Il comandante dei vigili Schettini dice ai giornalisti: "Sebbene casi simili si verifichino tutti i giorni, non ci faremo l'abitudine. Una nostra pattuglia impegnata a Barra è stata aggredita da alcune donne che hanno danneggiato la nostra auto, abbiamo denunciato una donna che si era cosparsa di benzina e minacciava di darsi fuoco perché volevano sfrattarla da una rivendita abusiva". E a Napoli non si sa mai se sia una recita o se si faccia sul serio.

La camorra ha aperto a Scampia un ufficio "parallelo" a quelli comunali per l'aggiudicazione di alloggi popolari. Sono gli uffici comunali infiltrati dai camorristi ad accogliere le domande dei senzatetto purché s'impegnino a tenere cantine come magazzini e scale e cortili per lo spaccio ai tossicomani. Lo si è scoperto nei giorni della rivolta contro la polizia: una donna, Carmela Attrice, venne uccisa con dieci colpi di pistola nel rione Case celesti e il cadavere, come spesso accade nelle rese dei conti mafiosi, venne attribuito alla lotta fra i clan. Si disse che la donna era imparentata con uno del clan nemico dei Di Lauro. Ma non era così. L'hanno uccisa perché si era rifiutata di cedere il suo appartamento ai commercianti di droga. Avevano occupato un suo cortile e vi avevano messo un recinto con tanto di lucchetto. Lei aveva chiesto che le dessero almeno le chiavi. Loro le hanno incendiato la casa, l'hanno uccisa. Ogni tanto la camorra si libera dei vecchi inquilini non più affidabili, arrivano tre giovanotti, li scaraventano sul pianerottolo, intimano loro di scomparire. Dice uno dei gesuiti della rettoria, padre Fabrizio Valletti: "I nuovi assegnatari sono pedine degli spacciatori, ma non basta, i camorristi stanno anche nel mercato del lavoro, per ogni negozio che si apre deve essere assunto un ragazzo raccomandato da loro. Controllano persino i fuochi d'artificio, ne hanno fatto dei segnali per comunicare con le fabbrichette del contado, un improvviso spettacolo pirotecnico vuol dire che il magazzino in città è vuoto e che occorre rifornirlo".

21.
Vietato non toccare

Molti incominciano a pensare che sia stato un errore chiudere le acciaierie di Bagnoli. La decisione è stata presa dall'Unione europea e dai suoi tecnocrati, si produceva troppo acciaio, si decise di salvare il centro siderurgico di Taranto e di sacrificare quello di Bagnoli. Dicono che Bassolino fosse contrario, che avesse capito i danni sociali e politici dell'operazione, che nessun risarcimento economico avrebbe compensato la perdita sociale. Nel 1950 a Bagnoli c'erano quindicimila lavoratori, una testa di ponte di modernità, di compattezza che segnava in positivo la crescita economica e civile della città. Un'isola operaia in mezzo al mare contadino, un avamposto di organizzazione e tecnica in mezzo al degrado della metropoli. Non comunista perché le assunzioni avevano obbedito a criteri politici, ma dentro il Movimento operaio. Una risorsa decisiva per le lotte e le proteste operaie, un baluardo della democrazia, una massa di manovra per le manifestazioni della sinistra. Bagnoli era la risorsa, la roccaforte, la speranza della modernità napoletana, il luogo in cui si formavano i diritti e i doveri di un ceto produttivo, una parte della città priva di sottoproletariato, un'area di trecento ettari dove si formava una cultura europea, con settori d'avanguardia. L'ultima colata è del 20 ottobre 1990, lo smantellamento dell'impianto dura cinque anni e si chiude con la vendita ai cinesi di una parte dei macchinari e la cessione a una società indiana dei due ultimi altiforni. Partono due progetti, uno di bonifica del territorio, l'altro di riforma urbana e la nascita di un parco di centoventi ettari con l'obiettivo di farne una "città della vela" con sedici luoghi di archeologia industriale. Si entra nel regno delle utopie mediterranee, dei sogni di centri balneari giganteschi, di alberghi a cinque stelle finanziati da magnati americani o arabi smaniosi di costruire nel golfo più bello del mondo. Ma questo sogno, questa utopia dello svago come industria pulita del futuro, è stato ridimensionato, si è amaramente constatato che la metà dei turisti tedeschi che venivano nel golfo e nelle isole si era trasferita nel mare di Croazia che è parimenti bello e che costa la metà. Si aggiunga che le centinaia di miliardi investiti nei progetti pubblici devono misurarsi con la solita guerra italiana per il bottino: le società pubbliche Fintecna e Mededil sono subito entrate in lite con il comune per l'acquisizione delle aree.

Per ora l'unica iniziativa che funziona ed è in crescita è la Città della scienza, creata dal professor Silvestrini.

Dice il professore: "L'idea è di promuovere il sapere scientifico come materia prima, come la via moderna al rilancio dell'economia. Ho trovato un motto per la mia iniziativa: 'Vietato non toccare'. Vogliamo che i giovani che visitano la nostra città tocchino con mano, capiscano, ci conoscano. Abbiamo comprato una struttura industriale e ospitiamo le imprese nel periodo dell'incubazione. La camorra sta fuori dalla Città della scienza, perché sta fuori dai terreni presidiati e il nostro lo è. Dopo quattro anni d'incubazione le imprese devono andarsene, devono camminare sulle loro gambe. Ci occupiamo di progetti europei, nazionali, regionali, partecipiamo ai bandi, alle gare. Noi osserviamo le regole e la camorra guadagna solo dove può violarle. Il segreto del nostro successo è questo: facciamo quello che la camorra non sa fare o che non le interessa, stiamo in una legalità che non consente gli utili giganteschi che vuole la grande delinquenza. Dicono che siamo piccoli, una goccia nel mare del degrado urbano. Noi pensiamo che il nostro sia un centro da cui pilotare la trasformazione di un pezzo di città. Abbiamo avuto settantamila visitatori a una nostra mostra. Di notte l'area di Bagnoli è in un buio pesto, ma sulla nostra città splendono le luci. Attualmente ospitiamo quaranta imprese con una media di dieci dipendenti ciascuna. La comunità scientifica diffidava di me perché sono uno che si sporca le mani. Le ragioni per cui le industrie napoletane erano sorte lungo il mare non sono cambiate: sul mare si possono trasportare i semilavorati, dal mare arrivano le fonti d'energia. I tecnocrati non hanno capito che chiudendo l'Italsider senza sostituirla veniva meno il riferimento alla modernità, si faceva della camorra l'unica impresa, l'unica offerta di lavoro. Il vero grande progetto di questi tempi è la ristrutturazione ecologica della civiltà industriale. E per farla l'unica strada è potenziare il sapere scientifico cui ha accesso solo una minoranza".

Bassolino è un sicuro protettore della Città della scienza: una Bagnoli creativa, che produce nella legalità, è necessaria alla rigenerazione, alla nuova speranza, al nuovo mito della città.

22.
La tolleranza totale

Parlare di tolleranza zero a Napoli come di una novità, è ignorare la storia. Napoli da sempre si è abituata a tollerare tutto. Per questo ha emarginato un procuratore come Cordova. A Palazzo di giustizia, quando è arrivato da Palmi, si vendevano sigarette, registrazioni di film, magliette d'autore contraffatte: era il mercato nel tempio. Lo ha spazzato via e non gliel'hanno perdonato. L'igiene a Napoli era sconosciuta, si cuocevano i maccheroni per strada, la pizza nei sottoscala. Tutto contraffatto, tutto liberamente venduto. Per anni, in centro, si è tenuto il famoso mercatino della merce rubata nei depositi americani. Non era una vergogna, ma un'attrattiva locale. Oggi si vendono dovunque borse griffate e programmi informatici, registrazioni di film e tutti lavorano tranquillamente in nero. Napoli è l'unica città in Italia dove anche l'artigianato più tradizionale, più rispettabile come il presepe è prodotto in nero. Questa è la città dove i politici rei confessi di corruzione non solo vengono perdonati, ma tornano al potere. Ma come non dire che Napoli siamo noi?

Anche da noi tutti i perseguiti e condannati per violenza o truffa politica, dai briganti neri assassini ai terroristi, dai finanzieri ladri ai ministri ladroni sono stati perdonati e riammessi nelle direzioni dei partiti o nei pubblici uffici. In cosa consistevano i progetti di Cirino Pomicino? Nel decidere, come ministro del Bilancio, i finanziamenti alla sua clientela, nell'ideare il "progetto Neonapoli", una colata di cemento e investimenti megalomani. Ma lui tuonava: "Basta con il giacobinismo contro alcuni imprenditori che hanno il solo torto di essere napoletani e di conoscere il ministro del Bilancio". Pomicino è colui che l'11 marzo del 1990 si presentò con un seguito di amici alla sede della Rai di Napoli e annunziò festosamente agli uscieri: "Guagliò, mo trasimme tutti e quanti, la Rai è di tutti, non è vero?" per vedere una partita di calcio del Napoli e oggi è personaggio influente in un partito dell'Unione. Tutto è permesso nell'Italia napoletana, se anche la commissione d'inchiesta nominata per indagare sui rapporti fra il ministro e il pastaio Ambrosio concludeva con la classica insufficienza di prove: "Detto contratto appare non dettato da ragioni di convenienza economica". Dalle intercettazioni telefoniche questo ceto napoletano e italiano appare "camorrista" anche nel linguaggio: "Mi mandi venti chili di mele", "passi dal mio segretario per quantificare", "mi scusi se l'hanno già disturbata, ma adesso tocca a me, comunque Silvio ci deve mollare cinquanta milioni per un fatto personale". Un deputato dei Ds, Isaia Sales, diceva di questo sistema napoletano: "Il potere politico è diventato il regolatore quasi assoluto della vita sociale ed economica di grandi aeree del Sud, le sue regole sono diventate le regole dell'economia, un modello simile ai paesi dell'Est". La descrizione non è adattabile a tutto il paese? A Napoli lo psichiatra Ceravolo ha inventato una maglietta con su stampata una finta cintura di sicurezza e assicura di averne vendute molte. Napoli è Italia anche nella produzione culturale. I consumi culturali dei novantatré comuni non fanno una gran differenza da quelli dell'Italia intera, una poltiglia di familismo, violenza, maschilismo, superstizione, pornografia con l'ossessione del consumo come unico criterio di giudizio. Ma chi se non il lombardo Silvio ha creato questa produzione di massa completamente mercificata? Chi il calcio affaristico e razzista? Chi se non l'industria dello spettacolo la cui fortuna cominciò con il governo Craxi?

23.
Dinastia camorrista

A quaranta chilometri da Napoli, tra Formia e Gaeta, c'è il "confino" alla buona dei camorristi, la giustizia li manda lì perché si dica che fa opera di prevenzione e ai camorristi va bene: continuano a dirigere i loro affari, la vita costa meno che a Napoli e l'aria è migliore. A Formia il sindaco è Sandro Bartolomeo, un medico colto e simpatico amico di Vittorio Foa. Mi racconta: "Avevamo organizzato degli incontri sulla legalità e sulla camorra, che c'interessa da vicino perché parecchi camorristi sono in soggiorno obbligato da noi. Si comportano bene, cercano di passare inosservati. Il famoso capoclan Bardellino non lo avevo riconosciuto, ma avevo notato un frequentatore assiduo e attento degli incontri, arrivava sempre fra i primi, prendeva posto nelle prime file. E alla fine degli incontri mi arriva una sua lettera: non chiede favori, ma parla da uomo di *panza*, rivendica quasi il merito dell'ordine che regna a Formia. Mi sono informato. Vive qui assieme a due figli. Uno, Angelo, è stato detenuto per aver organizzato un'estorsione ai danni di una cooperativa che lavorava per il comune, l'altro è incensurato, lavora, si è inserito, gioca a calcio. Ho chiesto ai suoi compagni che tipo è. Mi hanno detto che non è cattivo, ma se qualcuno gli porta via il pallone lo stende con un pugno. 'E voi?' ho chiesto. Non hanno risposto. Si prendono i pugni e stanno zitti. Speriamo che il fascino del camorrista forte si fermi lì".

Non cambiano i camorristi e non cambiano i razzisti.

C'è a Formia un'organizzazione clandestina che si firma Man, Movimento antinapoletano, che distribuisce manifestini di questo tenore: "Basta! Furti, arroganza, comportamenti incivili e animaleschi. Non permettiamo ai napoletani di invadere le nostre spiagge inquinando i nostri mari". Un commando del Man ha fatto irruzione in alcuni negozi di via Vitruvio con altri volantini su cui c'è una fotografia di uno con il volto minaccioso e gli occhiali neri, il classico uomo nero delle leggende provinciali, l'uomo nero che è sempre "venuto da fuori". Dice il sindaco: "Da noi risiedono diecimila napoletani. E ci vivono benissimo".

Non è la camorra che impensierisce gli abitanti di Formia, ma il turismo di massa. La popolazione residente è di quarantamila abitanti, ma nei mesi estivi si arriva anche a sessantamila. Occupano alberghi, campeggi, da Napoli arrivano "gli artisti": cabarettisti, attori di musical che riempiono i cartelloni delle manifestazioni estive. Il sindaco pensa a un ticket per l'accesso alla spiaggia. I giornali pubblicano lettere di sdegno contro i giovani del Man "che parlano come quelli della Lega" e di docenti universitari che non mancano di ricordare i loro titoli. I giornali hanno anche pubblicato con il dovuto risalto il manifesto su fondo azzurro e scritte in bianco che l'amministrazione comunale ha presentato per annunciare un esposto alla magistratura sul Man. La prossima volta che incontro il sindaco mi faccio spiegare cosa è un esposto. Che isola felice Formia.

La camorra in Campania è a macchia di leopardo: a Formia non si vede, ad Avellino si maschera dietro i politici, a Caserta è dominante ma divisa, quella piccola se ne sta in strada, nei caffè, in piazza in attesa di ordini da quella alta, che da casa non si muove, come racconta in un prezioso libretto Antonio Pascale: "Via via che si accresce il loro prestigio smettono quasi di intervenire, stanno in casa in zoccoli e tuta da ginnastica, coltivando hobby svariati: pittura o letture dei classici del pensiero religioso compresa la Bibbia. Per questo spesso ingrassano, fanno poco moto, mettono su pancia, vestono male perché indossano roba di poco conto, non avendo l'obbligo di mettere la divisa aziendale e di curare la rappresentanza sociale, si tagliano poco i capelli e si fanno crescere la barba. Quando poi li prendono e guardiamo sui giornali le loro foto noi tutti ci stupiamo della loro sciatta normalità, così somigliante alla nostra. Mentre a Napoli la camorra alta dei boss sembra tendere con ossessione alla ricchezza e al potere, nella provincia contadina si accontenta di un medio benessere e della sicurezza. Le porte delle loro case sono di legno massiccio o blindate, le case possono essere in attesa di essere finite, ma le porte mostrano già una presenza possente. Sappiamo che i nostri nemici sono lì fuori, ma dietro queste porte siamo al sicuro e da dentro vi vediamo. E dentro questo mondo senza leggi e pronto a delinquere, un moralismo alto e implacabile, per mantenere viva la tradizione ed evitare contaminazioni. Il camorrismo familiare che vuole avere il massimo controllo con il minimo sforzo, la massima produttività con l'impegno di tutti". "Un po'," osserva ancora Pascale, "come nelle grandi famiglie capitalistiche."

24.
Il difficile mestiere di vigile urbano

Fare il vigile urbano a Napoli non è facile; un vigile è stato denunciato giorni fa per non essere intervenuto a impedire una rapina. Era fermo in automobile e non si è mosso anche se davanti a lui guardie e ladri stavano sparando. Fra i vigili ci sono anche quelli che appartengono alla rara e quasi incredibile specie umana degli eroi, quelli che prendono dallo stato o dal comune paghe da fame ma si fanno ammazzare come nei racconti di De Amicis, e poi alla vedova consegnano la medaglia d'oro alla memoria. E poi ci sono gli altri, quelli che sequestravano le automobili in sosta vietata e poi le rivendevano all'estero, quelli che rubano e quelli che semplicemente seguono le due grandi scuole napoletane. La prima, in cui eccelse Antonio Gava, è "accettare la vita e la politica in negativo", vale a dire convivere con il peggio sapendo che a volerlo correggere si può causare un disastro; e la seconda è di "pomicizzare", un attivismo spumeggiante dagli esiti imprevedibili ma sicuramente dissipatori.

I vigili urbani di Napoli hanno sempre rappresentato un problema irresolubile per molte ragioni. La prima è che essendo quattromilacinquecento formano un bacino elettorale che ogni uomo politico deve tenersi buono anche a costo di sopportarne i ricatti. Fra le opere buone e coraggiose del sindaco Russo Jervolino le è riconosciuta quella di essersi liberata di un comandante dei vigili inamovibile, uno che sapeva troppe cose non confessabili per essere messo alla porta. Ma la Jervolino, che non nasconde neppure la sua voce roca, lo ha fatto.

Ci sono i vigili che non si accorgono che in molte farmacie si fanno false ricette, si smerciano medicinali rubati. È uno dei modi di accettare la vita in negativo: trentasette farmacisti sono stati denunciati ma nessuno è stato in prigione. E come sarebbe possibile mandarceli, visto che i medici che rubano sono centinaia e che a Bacoli erano tutti d'accordo, nella Asl, a falsificare tutto: certificati, diagnosi, cure.

Una piaga dei vigili di Napoli è la sindacalizzazione e le specializzazioni. Dei duemilacentocinquanta in servizio quattrocento non sono in pratica disponibili perché fanno lavoro sindacale, non possono essere impiegati lontano da casa, possono rifiutare incarichi non contemplati dal loro statuto come fare servizi attivi.

Il vigile che ha assistito senza muoversi a una rapina ha subito dichiarato che un vigile "non ha compiti di polizia", come quel sindaco di Palermo che in una conferenza stampa dichiarò che "fra i compiti di un sindaco non c'è quello della lotta alla mafia". I disponibili ai servizi si sono specializzati in nuclei. Nucleo per la protezione turistica, nucleo per il traffico, nucleo per la sorveglianza dei pontili. C'è anche un nucleo investigativo esentato dall'indossare la divisa e uno che dovrebbe controllare gli ambulanti, i quali per la tradizionale e quasi sacra tolleranza totale sono visibili e indisturbati in tutta la città, per non parlare del nucleo disciplina trasporti, che dovrebbero sorvegliare i tassisti abusivi che stanno tranquillamente in coda all'aeroporto e agli ingressi degli alberghi. Per anni il nucleo disciplina trasporti non si è accorto che nelle officine dell'azienda comunale gli autobus venivano sistematicamente sabotati e spogliati.

Per la tenacia dimostrata in servizio, lo zelo nel perseguire i furbi e i trasgressori della viabilità era chiamato dai suoi colleghi Rambo. La sua specialità scoprire le automobili truccate e clonate. Ma nel giugno di questo anno si viene a sapere che il vigile Antonio De Felice è stato sospeso dal servizio, gli è arrivato fra capo e collo un procedimento giudiziario con l'interdizione dai pubblici uffici. La procura ha sequestrato una settantina di pratiche che portano la sua firma con timbri che sembrano contraffatti, atti di servizio, notifiche di sequestri di auto e ciclomotori. De Felice ha anche il fisico da Rambo: barba lunga, giubbotto antiproiettile. Il comandante dei vigili urbani lo aveva promosso caposquadra del nucleo "auto clonate". Una sorpresa? Proprio una sorpresa no, lo avevano già sospeso una volta, già censurato.

Ma prima della sospensione faceva l'agente in un'unità operativa di Pianura. Non è escluso che torni in servizio come sono tornati i politici inquisiti per la grande rapina del terremoto. Dopotutto è un vigile che si dà da fare, che vanta nel suo curriculum migliaia di denunce e di sequestri.

Non è facile comandare i vigili urbani a Napoli. Un vigile ha presentato al comando un certificato medico nel quale si spiegava che "non può assumere posizioni erette prolungate". Un altro ha consegnato una documentazione clinica nella quale si attesta che "non può prestare servizio dove ci sono i rumori del traffico". Il comandante Carlo Schettini ha scritto all'amministrazione comunale che la legge 104 consente a un dipendente di evitare il trasferimento nel caso in cui un familiare sia ammalato.

Schettini ha chiesto e ottenuto l'abolizione della legge perché erano duecento i vigili che vi avevano fatto ricorso. A prestare servizio in strada ci sono soprattutto gli anziani, mentre gli ultimi assunti, circa quattrocento, preferiscono il lavoro d'ufficio. Al comando dei vigili occorre essere esperti in filologia. La dottoressa Linda D'Ancona ha respinto il rifiuto di duecento vigili a essere trasferiti affermando che "non di trasferimento si trattava ma di semplice spostamento nella stessa città". Poi ci sono i permessi di studio per gli iscritti all'università o anche solo a corsi di lingua, con cui si evitano i turni di notte e i festivi. I vigili addetti ai parcheggi abusivi non vengono sostituiti quando sono in ferie, cioè nei periodi estivi di maggior lavoro. Così i parcheggiatori abusivi continuano a lavorare su tutto il lungomare. Ma fare rispettare la legge a Napoli si traduce quasi sempre in un aggravamento dei problemi.

Dice il capo del gruppo antiabusivi Michele Esposito: "Non possiamo mettere le strisce blu per impedire la sosta dappertutto, andremmo contro la strategia del piano generale del traffico urbano". I posteggi più frequentati sono nelle mani della camorra, un affare di parecchi milioni di euro l'anno, tutti nelle mani dei "guardamacchine" camorristi. Nei posti dove parcheggiare è più difficile i guardamacchine chiedono cinque euro. Per sfuggire ai sequestri i guardamacchine passano continuamente l'incasso ai figli minorenni. Poche le donne che lavorano nei posteggi e tutte legate a un clan.

25.
Microcriminalità, il branco

È impossibile tracciare una demarcazione netta fra la camorra e la microcriminalità; la quale a Napoli è di generazione spontanea: sono i giovani disoccupati e drogati che formano la leva continua dei bulli pronti a delinquere, dei giovani che si svegliano con l'ossessione di guadagnare quanto basta a comprare la droga che li avvelena, ma li tiene su di giri. E per prima cosa si armano di coltello. "Perché?" gli chiedi. "Non si sa mai," rispondono, "mi serve, per difesa personale." Poi arrivano le mazze, le rivoltelle. I ragazzi si aumentano l'età per far capire alla camorra che sono pronti ad arruolarsi. "Io ho sedici anni," ha scritto uno sul suo maglione, ma si sa che ne ha solo quattordici. Tutti hanno comprato o rubato un ciclomotore, una moto. Passano per le strade in quaranta, in cinquanta, distruggendo quello che incontrano senza una ragione. Come un branco di giovani lupi. Tutta Napoli oggi è alla loro portata, con la metropolitana e le tangenziali sono al centro in pochi minuti.

Sono una gioventù senza memoria, senza ritegni e senza consiglieri, non ricordano la miseria e le sofferenze dei genitori e ignorano la legge, presi come sono dalla ricerca assillante del denaro. Se si fermano al passaggio di un funerale o al matrimonio di un amico non li distingueresti dalla gioventù normale, ma già ripartono sulle loro moto ed è una carica selvaggia: calano sui pontili dei croceristi e li buttano in acqua, vanno alle partite di calcio e incendiano le auto dei dirigenti che non piacciono loro, scimmiottano gli hooligan inglesi ma sono più feroci, scippano per portare via la borsetta ma anche per fare male. Hanno scippato un giorno Ivana Fulco, incinta di sette mesi e poiché faceva resistenza l'hanno scaraventata a terra. Erano in due e venivano dal Pallonetto. La parte nuova di Scampia doveva essere il quartiere della rigenerazione, è diventata la palestra dei balordi. Siamo tornati a discutere come all'inizio del Novecento le teorie antropologiche sulla criminalità, se essa sia nativa e razzista, per cui agli occhi di un leghista, ma anche di benpensanti, un napoletano, un calabrese, un siciliano sarebbero più vicini alle scimmie che agli uomini. E i rimedi polizieschi incoraggiano questo modo di pensare: si mandano carabinieri e poliziotti a dare la caccia ai selvaggi. Il bullismo, l'arroganza, il menefreghismo sfociano regolarmente in minacce anche demenziali: "Vieni qui che ti sciolgo nell'acido, che ti disintegro". Esagerano con le parole, ma la voglia vandalica c'è: fanno a pezzi panchine, cartelloni pubblicitari, segnaletica stradale, cabine telefoniche. Il bullismo è un problema europeo e lo è anche nelle province leghiste, i giovani brianzoli hanno distrutto una scuola senza nessun motivo. La paura più diffusa a Napoli è di essere aggrediti da giovani apparentemente normali, una paura che sta facendo cambiare abitudini e comportamenti: si evitano le discussioni con sconosciuti, a scuola gli insegnanti sono intimoriti, fingono di non sentire le minacce e il bullismo sta estendendosi alla media e alta borghesia, verso quella tolleranza totale che era una distinzione di Napoli, ma che oggi può uccidere.

26.
La logica perversa

Il principio napoletano secondo cui il peggio rientra nella normalità, anzi previene un peggio ancor peggiore, produce di continuo i suoi teoremi perversi. È tutto un andirivieni di moralismo e permissivismo, di accordi spontanei e generali per impedire che si faccia chiarezza, giustizia e di fieri propositi, di commossi appelli al rispetto della legge e al rigore. Ogni giorno la procura spedisce avvisi di garanzia e apre indagini contro camorristi e ladri, e ogni giorno la classe dirigente li giustifica, li perdona. Un alto funzionario viene inquisito per violazione del segreto d'ufficio e corruzione? Immediatamente un altro alto funzionario spande una cortina fumogena: "Una vicenda che va chiarita in tempi brevissimi. Ho la massima fiducia nella magistratura, ma al momento non ho nessuna ragione di dubitare del mio capogabinetto che conosco come persona corretta. Per ora resta al suo posto? E perché non dovrebbe? Per un avviso di garanzia? Comunque, è persino superfluo annotarlo, collaboreremo con la giustizia". Il gioco delle parti funziona alla perfezione: la procura riceve le denunce contro i corrotti e i camorristi e manda loro un avviso di garanzia. Anche se è un potente? Un noto politico? Come no, la legge è uguale per tutti e non fa sconti. La notizia viene mandata ai giornali corredata d'informazioni confidenziali, e i giornali sparano titoli a tutta pagina; danno per certe le colpe e la condanna. Così sono a posto la magistratura, severa custode della giustizia, e la libera stampa, che non guarda in faccia nessuno. Poi la palla passa ai difensori, ai grandi avvocati, ai falsi testimoni, ai giudici comprati, e si alza il civile sdegno verso il giustizialismo fazioso. Un altissimo funzionario recita il pistolotto finale: "Il senso dello stato si esprime innanzitutto con il rispetto delle persone che lo incarnano. Un conto è la critica, un conto il pubblico ludibrio. Se i cittadini non hanno il senso della coesione come possiamo pretendere rispetto da chi, nei rioni popolari, si rivolta contro la polizia? La parola d'ordine è una sola: unità". Rappresentanti di tutti i partiti, di tutte le istituzioni, dei neofascisti come dei rifondatori del comunismo, firmano un appello per "il più forte sostegno della legalità", il ministro degli Interni arriva in città accompagnato dal capo della polizia, il sindaco Russo Jervolino dice che la sua visita "è un segnale positivo, mostra l'interesse per la città", e tutti fingono di non sapere che con questi balletti si spalancano le porte dell'illegalità: l'illegalità diventa norma.

Basta ascoltare, per convincersene, le registrazioni telefoniche di camorristi e di corrotti. Diceva Cordova prima di essere emarginato, zittito: "Dopo aver discusso sul *quantum* della dazione, il pubblico ufficiale che riceve il denaro provvede a contarlo e a riporlo nella sua scrivania. L'attività corruttiva è di routine, tanto che pubblici ufficiali discorrendo fra di loro si riferiscono alla 'solita tariffa'". Un altro procuratore, Maria Cristina Ribera, completa il quadro: "Negli uffici dove la corruzione è normale si lavora poco: i dipendenti, nelle pause fra un appuntamento e l'altro per fatti illeciti, si riposano. Nelle registrazioni è finito anche il rumore di uno che russava".

Il prestigio delle istituzioni va difeso! Anche quando viene impunemente violato il minimo rispetto per l'istituzione? Anche quando viene indagato per false autorizzazioni alla Italmetalli e violazione di sigilli un funzionario "responsabile del settore ambiente della provincia di Napoli"? I rifiuti sono una miniera d'oro per la camorra e i suoi complici. Agli andirivieni della filosofia truffaldina si accompagnano quelli delle azioni truffaldine sui rifiuti. C'è chi li sposta e chi li sotterra, chi li sparge per le strade per ricattare il comune e chi per aiutare la sanità corrotta a liberarsene. In tutta la zona di Caivano, Casandrino, Santa Maria la Fossa si sotterrano i rifiuti degli ospedali, siringhe, cerotti, vetri per flebo, garze sporche; per risparmiare sui costi elevati degli smaltimenti "speciali". L'importante è fare un appalto regolare, ma non sapere come lo gestisce l'appaltatore. Seguono dibattiti e riunioni degli amministratori e dei manager per "attivare gli opportuni controlli straordinari sulle modalità di smaltimento dei rifiuti provenienti da tutti i presidi ospedalieri". A volte, partecipano al dibattito il presidente della regione Campania Bassolino e quelli delle amministrazioni provinciali di Napoli, Avellino, Benevento, Caserta e Salerno, più i vescovi di Nola e Acerra.

La complicità generale completa l'opera della generale permissività. Una ditta ha fatto ottimi affari scavando buche nelle campagne attorno a Napoli e riempiendole di rifiuti. I padroni dei terreni non lo sapevano? "Sì è vero," dicono, "scaricavano le scorie nocive nei nostri terreni non a duecentocinquanta euro al viaggio come si è detto, ma a cinquanta. Noi non abbiamo mai capito che seppellissero materiale illecito. Noi avevamo creduto alla storia che i nostri terreni 'avevano una natura interessante' e che dovevano esaminarla. Questo ci diceva il signor Passariello. Per questo permettevamo loro di fare grosse buche. Solo tempo dopo abbiamo capito, dopo aver sentito la terribile puzza, le continue esalazioni."

Nelle terre di Francolise, nel casertano, venivano sepolte montagne di residui ferrosi. "Non sapevamo, non avevamo capito," ripetono i fratelli Carmine e Davide Perillo, i padroni della Italmetalli che ha scaricato in Campania migliaia di tonnellate di rifiuti cancerogeni e oggi sono latitanti.

Ci sono i rifiuti locali da sistemare e quelli che arrivano dal Nord. Nelle intercettazioni di Toni Gattola i camorristi discutono il *quantum* come un'operazione usuale: "Io sono riuscito quasi a chiudere, ascoltami, a trenta milioni in tre anni, seguimi, quindici milioni in mazzette, però, ascoltami, ti faccio una dilazione. Dieci all'atto di stipulazione del contratto, e poi aspetta che vado a vedere la situazione. Penso che abbiamo fatto un affare. Se ci dà l'assegno andiamo subito a cambiarlo, hai capito, dove si perde ogni traccia". In genere gli accusati sono dei funzionari della provincia, i quali negano di avere avuto rapporti men che corretti con la Italmetalli. E i loro difensori negano le accuse "documentazione alla mano". Ogni tanto il comune annuncia che l'emergenza rifiuti è stata superata; ma poi c'è sempre un generatore di corrente che va in tilt, una ditta di Chiaia che non rispetta i tempi dell'appalto. I tecnici del comune si mettono al lavoro per stabilire se l'appalto sia stato sabotato, ma c'è poco da stabilire: da Pianura, Soccavo, Bagnoli, Scampia avvisano che "una marea di sacchi stracolmi occupa i marciapiedi". Quanto all'incendio scoppiato nel centro di raccolta di Santa Maria Capua Vetere "il dolo non è confermato ma resta da stabilire perché nella recinzione sia stato aperto un varco con le cesoie".

Il mistero dei rifiuti di cui Napoli non riesce a liberarsi, come gran parte dei suoi misteri, si traduce nel teorema: guadagnare molto con il minimo sforzo per i delinquenti e il massimo disagio per chi, a Napoli, vive. I rifiuti occupano le strade perché non c'è modo più comodo per liberarsene. Nel Centro direzionale le maestranze del comune hanno imparato immediatamente a fare pulizia gettando dall'alto dei grattacieli cartoni e carte nelle strade; per guadagnare ci si accolla anche i rifiuti dell'Italia ricca, arrivano dal Nord treni di rifiuti, il Nord ricco paga e non si cura minimamente che l'operazione venga fatta nel rispetto dell'igiene e delle regole urbane, la camorra intasca i soldi e viola le leggi. Ci sono quartieri alti che dal tempo di *Le mani sulla città* stanno sull'orlo di frane e burroni, la camorra vi getta i rifiuti, gli abitanti respirano aria puzzolente, ma non c'è niente da fare, chi le raccoglie le immondizie in quei precipizi se non si fa neppure in tempo a togliere quelle attorno alla stazione centrale per la quale ogni giorno passano centinaia di migliaia di viaggiatori? I rifiuti si accumulano perché la camorra impedisce di raccoglierli, sabota gli impianti di raccolta, fa scioperare i netturbini che sono sempre disposti a mollare il lavoro, corrompe i funzionari dei controlli.

C'è una località che si chiama Montagna Spaccata. Nella sua povertà era un eden, una valletta immersa nel verde e nei fiori, ne hanno fatto una discarica puzzolente, tutte le proteste degli abitanti sono rimaste lettera morta. Di fronte a Montagna Spaccata c'è una discarica a pochi passi da un castello, la camorra l'ha messa lì per convincere il proprietario del castello a svendere. "Lasciamoli fare che si ammazzano fra di loro," dicono i benpensanti. Ma ti avvelenano la terra e l'aria. E se capita ti uccidono.

27.
Napoli Soccer

Il Napoli calcio, Napoli Soccer, è l'unica squadra di serie c le cui partite facciano parte del pacchetto settimanale trasmesso da Sky, la televisione di Murdoch che ha estromesso la Rai dallo sport. Il padrone del Napoli Soccer non sta a Napoli, ma a Roma, dietro una selva di sigle che risalgono alla banca Capitalia: un crocevia di partecipazioni dello spettacolo, della musica, degli immobiliari che fa capo al banchiere Cesare Geronzi, che da quattro anni ha affidato le fortune della squadra che fu di Maradona al produttore di film De Laurentis. Fanno parte dell'allegra combinazione anche i gruppi Pirelli e Fininvest, quanto a dire le società calcistiche Inter e Milan; insomma una creatura del capitalismo parentale e imbroglione, padrone di gran parte del calcio italiano. Siamo alla finanza inventiva, fantastica, costellata da sigle strane, in cui s'incontrano persone di dubbia fama e grandi capitalisti, figli di papà e scrocconi del "generone" romano. È incredibile il tempo, il denaro, le pubbliche relazioni, i progetti speculativi, le coperture ideologiche che questa borghesia di regime, che ha aperte le porte della finanza pubblica e privata, intreccia nel mondo apparentemente puerile del calcio, dei ragazzi in mutandine che corrono dietro a un pallone, questo misto di affari e di passione sportiva, di tifo, come giustamente si chiama questa infatuazione ludica che sta dominando il costume italiano. Non è una novità, intendiamoci; le olimpiadi greche, i *circenses* e i gladiatori romani, le corse dei cavalli a Costantinopoli, fino al cricket e al rugby anglosassoni sono sempre stati al centro del sistema di potere; ma nell'Italia politicamente morta di oggi sono un'ossessione. Non c'è piccolo imprenditore, piccolo affarista che non sogni di comprare una squadra di calcio o di pallacanestro o di volley per farne il trampolino di lancio verso relazioni e affari importanti. La presidenza di una squadra sportiva, che nel fascismo era un dazio da pagare al partito di governo per tener buoni i sudditi, oggi è un affare, un'industria in cui trovano posto parenti e amici. Nel Napoli Soccer e derivati s'impiegano i grandi rampolli della finanza e della burocrazia: Chiara e Benedetta Geronzi, Luigi Carraro, figlio di Franco, Alessandro Moggi, figlio del Luciano della Juventus, che controlla il mercato dei giocatori con la società Gea, i Della Valle succeduti ai Cecchi Gori. Nel Nord ricco, coperto dalla rete finanziaria, salgono i Berlusconi, Tronchetti Provera, Moratti, nel profondo Sud i pastai camorristi e i presidenti di regione mafiosi. L'ossatura del Napoli Soccer è fatta da allievi del Milan, il Cavaliere ha capito da tempo che quella del Napoli è una risorsa affaristica e politica da sfruttare. Presidenti dell'Avellino come della Salernitana sono stati incarcerati o indiziati, sostituiti da curatori giudiziari. L'attuale presidente del Napoli Soccer, De Laurentis, aveva investito, sotto gli auspici di uomini politici, nel Bingo, una specie di tombola di massa. Un paesaggio variopinto e poco rassicurante.

28.
La napoletanità complice

Lo scrittore Raffaele La Capria ha elaborato una sua teoria per mettere d'accordo la Napoli della borghesia colta ed europea, e quella della camorra sanguinaria e selvaggia. "La borghesia napoletana," dice, "è rimasta traumatizzata dalla Rivoluzione del 1799 e dalla repressione sanfedista che ne fece la plebe napoletana, con strage di migliaia di persone e con un odio che arrivò a casi di cannibalismo. La Napoli di quelli che guardano a Londra o a Parigi ha il terrore che la bestia plebea si risvegli e la divori. Ha perciò tentato di gettare una testa di ponte verso questo mondo feroce e imprevedibile, e ha inventato negli ultimi due secoli la napoletanità, un modo di essere napoletani comune a entrambi, accettabile da entrambi: il napoletano come lingua comune, le superstizioni, le canzoni, la pizza e i maccheroni, il paesaggio stilizzato delle pastiere, il teatro di Viviani e De Filippo, il cielo e i colori del golfo."

Una teoria elegante e consolatrice perché la napoletanità non è stata inventata negli ultimi secoli da una borghesia preoccupata ma egemone: è la cultura popolare come si è elaborata nei millenni, ed è una cultura non estranea alla camorra ma sua complice, sua compagna di strada.

Nell'analisi della camorra, osserva l'antropologo Marino Niola, viene sottovalutato il peso dei fattori culturali di cui la borghesia, e prima di essa l'aristocrazia, sono, se non responsabili, complici, come: il culto della furbizia e del raggiro, la prepotenza e l'arroganza del più forte, l'affermazione del proprio particolare, del proprio io, il doppio gioco fra superstizione e religione, fra tradizione e modernità. In città come Napoli, diceva Benedetto Croce, "non si è ancora cominciato a portar via le immondizie del Duecento". E questo nei vicoli come nei palazzi nobiliari o nei quartieri residenziali. La maschera di Napoli, Pulcinella, è il prodotto di questa ambiguità: maschio e femmina, vivo e morto, sciocco e intelligente, insidiosamente servile e senza limiti superbo, irriverente e cortigiano, a volte ottuso a volte furbo, ma sempre come se avesse una forma superiore di ragione. Sulla scena impersonato da Totò, il teatrante principe. La dea della fecondità napoletana cambia nome ma è sempre la stessa, la Cerere delle spighe mature o la santa Patrizia. San Gennaro nasce nel quartiere dove è nata santa Patrizia, che è lo stesso in cui sorgeva il tempio di Cerere, e prima che La Capria inventasse la napoletanità essa celebrava i suoi saturnali a Piedigrotta, le sue feste dissipatrici nei palazzi dei principi, le sue vendette sanguinarie nei bassi e portava in processione Maradona, dipinto su un drappo in posa da condottiero o disegnato su un muro di Secondigliano con la corona dell'Addolorata sulla testa.

Ricordare a un napoletano che la cultura in cui è nato è una cultura tollerante fino alla complicità è impossibile. Avendo scritto sulla moltiplicazione degli impieghi e delle commissioni, l'amico Isaia Sales ha osservato: "Tutto si può dire di Bassolino e dei suoi collaboratori tranne di non aver lottato e rischiato in prima persona contro gli abusi, l'illegalità, la camorra".

Ma se Napoli è quella che è nonostante gli onesti, è segno che il suo modo di essere non funziona.

29.
La napoletanità indignata

Ciò che scrivo di Napoli sui giornali non piace alla napoletanità.
Mi ha scritto Raffaele La Capria:

Caro Bocca, mi hai chiamato in causa nell'ultimo numero di "L'espresso" (n. 40 del 13 ottobre) e, anche se arrivo in ritardo dopo la botta e risposa tra te e Rea sul "Mattino", pare che anche io debba risponderti perché così si fa. E lo faccio, anche se so che siamo su due piani diversi perché io con *L'armonia perduta* mi muovo sul campo della fantasia e dell'immaginazione, tu, con le tue critiche, su quello dell'indagine sociale. Conosco bene le tue idee sul Sud per aver letto i tuoi libri e per aver in parte condiviso, a volte, la tua indignazione: tu pensi e condanni in blocco, dici che il Sud è un inferno abitato da diavoli, e poiché io sono uno di quei diavoli, un diavolo piuttosto mite, mitemente ti rimprovero di aver letto male il mio libro *L'armonia perduta*. Dici che le mie eleganti teorie sulla napoletanità sono consolatorie, e allora? La letteratura dev'essere *anche* consolatoria e non solo rabbiosa e moralistica ramanzina. Dici che a Napoli siamo soltanto dei camorristi, dalla preistoria a oggi, poveri noi! È vero, i camorristi ci sono, ma ci sono anche gli altri e sono la maggioranza. Di questa maggioranza ho parlato in *L'armonia perduta*, e se leggi bene ti accorgerai che il mio libro è un libro ferocemente critico in cui interpreto e racconto a modo mio (con la fantasia più che di uno storico di uno scrittore) l'origine e la genesi della napoletanità, cioè di quella forma di civiltà accomodante e tollerante quanto ti pare, che però trasformò il feroce popolano Masaniello nel bonario personaggio di Eduardo De Filippo, e la "lingua tosta" del *Pentamerone* nella lingua armoniosa di Di Giacomo. Giusta o sbagliata, questa mia teoria è sorretta da una certa coerenza (letteraria) e da buoni argomenti (storici). Ma quando tu dici che siamo da sempre soltanto dei camorristi, come faccio a discutere con uno che la mette così e non bada certo alle mie sfumature? Potrei chiederti: come la dimostri questa tua teoria? Non basta riferirsi nientedimeno a Cerere o santa Patrizia, a miti e riti di cui non sappiamo niente; e non basta l'attuale recrudescenza della criminalità a Napoli – che tutti condanniamo e vogliamo contrastare – a darti ragione. Nella risposta a Rea, tu tocchi vari punti dolenti e concreti e dici che "l'Italia è tutto uno schifo ma a Napoli va un po' peggio". Su questo potremmo andare anche d'accordo, rovesciando però la frase: "A Napoli va peggio quando in Italia è tutto uno schifo". Comunque è sull'argomento di fondo che non siamo d'accordo. E poiché voglio risponderti soltanto nella parte riferita al mio libro, che ha a che fare con una rappresentazione mentale della mia città (e tu sai che le rappresentazioni poi possono produrre eventi) io ti domando: credi tu che Di Giacomo, le canzoni napoletane *Era de maggio*, *Palomme 'e notte*, credi tu che Eduardo, Totò, Troisi, cioè i rappresentanti di quella che ho definito una vera e propria forma di civiltà chiamata "napoletanità", siano delle anomalie o delle conseguenze venute fuori da un paese di camorristi adoratori di Pulcinella? Quella levità, quel *sense of humor*, quella finezza psicologica, quell'ironia, quella *simpateia* capace di riconoscere l'altro come persona e come uguale, sarebbe di origine camorristica? Sono stati finora semmai un argine, forse un po' debole, lo riconosco, al sempre più sconvolgente irrompere della modernità in un contesto poco adatto a metabolizzarla a causa della sua forte identità. Sono convinto però, caro Bocca, che come alla napoletanità farebbe bene un po' della tua severità e del tuo austero moralismo, così a te farebbe bene, molto bene, un po' della nostra napoletanità. Ti aiuterebbe a non pensare a blocchi, come fai, a capire che se Pulcinella è un ambiguo furbastro, anche Arlecchino è un servile furbastro e che ogni paese ha la sua maschera che ne rivela le condizioni e le costrizioni, ma anche la fantasia per liberarsene. Noi a Napoli abbiamo inoltre il vantaggio di avere non solo la maschera, ma anche una cultura che non tutte le altre città italiane hanno allo stesso livello (e purtroppo una società civile che non le sta alla pari, ma questo è inutile dirlo a te). Te lo ripeto: un po' di napoletanità ti farebbe bene, ti renderebbe un po' più duttile, più aperto alla pienezza della vita, che non è fatta solo di schemi concettuali in cui racchiuderla, ti libererebbe da quella monotona seriosità da giustiziere che ti possiede e ti rende poco persuasivo anche quando dici cose condivisibili, e ti farebbe persino più felice. Un Bocca sorridente e non ingrugnato: pensa che conquista per il giornalismo! Credimi, io sarò pure consolatorio con le mie teorie su *L'armonia perduta*, ma a te non viene talvolta il sospetto di essere troppo sprofondato nella sufficiente mentalità "piccolo settentrionale"? Guarda un po' ai "gran lombardi", a Carlo Levi per esempio, e cerca nella sua larghezza di vedute di mitigare con un po' di amorosa intelligenza della vita la brutalità del tuo schematico capire.

Alla civile risposta di La Capria segue sul "Mattino" di Napoli una grandinata d'insulti da Ermanno Rea. Da non crederci, l'ho conosciuto negli anni sessanta al "Giorno": un collega intelligente, amabile, ma la napoletanità può far delirare. Ciò che scrivo su Napoli "è l'invenzione di una vecchia scarpa littoria carica di nostalgia". Nostalgia di che, del fascismo? Ma non mi conosce, non è stato mio compagno di lavoro? Evidentemente no, se dice che sono "un razzista senza se e senza ma, che quasi quasi tira in ballo la forma del nostro cranio per dimostrare che il difetto è nel manico; pregiudizi già sentiti sulla città che mischiano antropologia e luoghi comuni".

E interviene anche il sindaco Jervolino che fa dell'ironia: "Abbiamo capito che Napoli deve morire, ma adesso facciamo gli scongiuri e tutto passa. È una campagna contro Napoli, e a capire il perché non ci vuole un indovino, gli enti sono amministrati da molti anni dal centrosinistra e si stanno avvicinando le elezioni". Insomma parlerei male di Napoli per conto di Berlusconi. Si aggiunge al coro un professore emerito dell'Università Federico II, che francamente mi disprezza "come tutti i tuttologi" perché ho scritto che centoquaranta morti ammazzati in due anni sembrano troppi. Come tuttologo che scrive quello che vede avrei meritato di peggio dal resto d'Italia in mezzo secolo di giornalismo, ma anche questi furori fanno parte della napoletanità offesa.

È intervenuto nel dibattito anche Tullio Pironti, l'editore, esempio dell'accorata contraddizione napoletana fra desideri e realtà, fra nostalgia dell'ordine e rinnovato desiderio di anarchia, tra il rifiuto di pensare a blocchi, come dice La Capria, e la necessità di essere conseguenti, nel caso di volere una città normale. Dice Pironti che nonostante i molti mali di Napoli, essa è ancora una città che "può misurarsi con qualsiasi altra metropoli del mondo". Ma come primo rimpianto di una città normale ricorda il tempo beato, "neppure troppo lontano, in cui la vendita di sigarette di contrabbando dava da vivere a migliaia di famiglie. La soppressione di questa attività illegale ha trasformato quei venditori in scippatori e peggio ancora in corrieri della morte".

Ecco perché Cordova, il procuratore che ha ripulito Napoli dal contrabbando, sta sequestrato a Monte di Dio, incompatibile con la giustizia napoletana. Ma per essere compatibili bisogna stare dalla parte di quanti violano le leggi? Pironti ricorda con commozione il "rinascimento" napoletano, il tempo miracoloso in cui le auto si fermarono al semaforo rosso. "Non c'era nessun pedone a quell'incrocio, gli automobilisti avrebbero potuto continuare la loro corsa eppure si fermarono. È un fatto naturale che succede dappertutto eppure è stato un evento straordinario per questa città." Ecco, a molti è difficile opporsi al moto ondoso di questo pensiero napoletano sull'ordine urbano, sulla normalità urbana, ma una città che guarda a un semaforo come qualcosa contro natura, che ferma le auto con una luce rossa non è qualcosa di anomalo, anzi di incomprensibile per quanti pensano che senza i semafori il traffico urbano sia un macello? Eppure non la pensava così il sindaco di Napoli Lauro che li aveva aboliti, il sindaco cui oggi i benpensanti napoletani vorrebbero intitolare una piazza.

30.
Dietro la napoletanità

Un viaggiatore svizzero scrisse di Napoli: "Nella città convivono due classi, *les lettrés* e *le peuple*". I *lettrés*, gli intellettuali delle professioni umanistiche, si spartiscono i pubblici uffici e governano una plebe "non ancora uscita", diceva Guido Dorso, "dal limbo della storia, abbruttita dalla tradizione e dalla miseria". La plebe, che sopravvive nei cento mestieri umili, spicciafaccende, venditori di erbe, piccola manovalanza che non può contare su un reddito regolare. In America, la forza che muove la società è il dollaro, la voglia di accumulare ricchezza, a Napoli la voglia di sopravvivere alla miseria, di sopportare la miseria che è all'origine della tolleranza generale: tutto deve essere permesso affinché tutti possano vivere. Una classe, la borghese, che difende i suoi privilegi spartendosi il pubblico denaro, e un "volgo che nome non ha" che inventa ogni giorno un modo per sopravvivere. Sembra che alle origini della camorra ci sia stata un'associazione spontanea di delinquenti dedita alle estorsioni. Certo è che la camorra ha sempre avuto funzioni retrograde, al servizio dei grandi padroni contro i riformatori. I Borboni la usarono come polizia segreta contro i liberali democratici, concedendole in cambio la licenza di delinquere. Una conferma è venuta dagli anni dopo la Seconda guerra mondiale; nel 1945 mentre nel Meridione inizia il Movimento contadino per l'occupazione delle terre, in Campania bande di camorristi e magliari organizzano i racket per il controllo della manodopera e del commercio agricolo. Una città, diceva Giustino Fortunato, "fatta da secoli estranea a se stessa, dove la borghesia ha le redini del potere esercitato non dai migliori ma dai più avidi e prepotenti". Una città che, per avere troppi problemi non ne risolve mai nessuno, dove "il problema vero è sempre un altro, che altri dovrebbero risolvere", dove le regole valgono solo per gli altri; e se arriva quella che impone ai motociclisti di portare il casco, nessuno lo indossa o lo porta fra collo e schiena per metterselo solo in caso di controllo. E il motorino non è un mezzo di trasporto, ma qualcosa che arriva a far parte del tuo corpo, che usi per eludere ogni controllo. I piemontesi arrivati negli anni dell'Unità pensarono di poter imporre delle norme di società legale e nazionale, ma le strutture della società napoletana erano baronali e familiari, e il rifiuto delle nuove norme fu spontaneo e generale. Napoli è stata fatta così com'è oggi dalla sua storia, e la sua storia è segnata da una mancanza o debolezza di una classe dirigente capace di perseguire il bene comune. L'unica giustificazione di questa storia è che nella modernità il perseguimento del bene comune non è più possibile né desiderato.

31.
Il furto sugli ammalati

Napoli non cambia mai, ci torni dopo cinque, dopo dieci anni e non è cambiato niente, stessa anarchia, stesse alleanze malavitose. Negli anni ottanta ci fu a Napoli lo scandalo dei farmacisti, delle fustelle. Gonfiavano le ricette, le moltiplicavano, e non erano pochi gaglioffi, erano centinaia di rispettabili professionisti, l'intera corporazione che partecipava alla grande truffa, la organizzava e la permetteva. Torno a Napoli all'inizio del nuovo millennio e lo scandalo è il medesimo, solo che gli hanno trovato un nome nuovo: Ricettopoli. Ricettopoli si basa sul solito asse d'acciaio tra professionisti e malfattori. Quindici medici del Servizio sanitario nazionale denunciati perché lavoravano per uno dei laboratori diagnostici che fabbricano false prescrizioni e una lunghissima lista di dottori in medicina che ordinano farmaci in maniera massiccia per avere i "regali" delle case produttrici, trentasei titolari di farmacie arrestati in un mese. Un tempo si accontentavano delle finte ricette, oggi acquistano medicine rubate con un guadagno netto del 50 percento. È in corso un'indagine della magistratura su un migliaio di esami clinici falsi. In uno dei laboratori si è trovato che gli impegni per esami mai eseguiti erano più del doppio di quelli veri. Un medico di Scampia ha attribuito al quartiere una vera epidemia di malattie della tiroide, a centinaia di persone sono stati prescritti costosi esami ormonali mai eseguiti, scegliendo tutti un laboratorio che dista sette chilometri dal loro rione. A Scampia c'era Amalia, e i medici di famiglia si passavano la dritta: se vuoi fare l'extra intesta le ricette a vecchi assistiti che non si accorgono di nulla, poi rivolgiti ad Amalia che li passa ai laboratori. Uno dei medici arrestati parla, finiscono in manette rispettabili colleghi imputati di associazione per delinquere, contraffazione di pubblici sigilli, falso ideologico, ricettazione. Un giro di cinquemila prescrizioni false, un affare da due milioni di euro; i camici bianchi arrivano a prescrivere anche centocinquanta esami di laboratorio al giorno. Tre anni d'inchieste dei Nas, centotrentuno arrestati, uno dei medici collabora con gli inquirenti perché "oppresso dai debiti" e confessa: "Ho scritto centinaia di ricette con false prescrizioni. Mi spettava un quinto per ogni esame rimborsato. Ho fornito numerosissime ricette a una stimata dottoressa padrona di un laboratorio, lei mi pagava subito, mi dirottava uno dei suoi assegni che io passavo ai miei creditori". La procura stima che le ricette false degli ultimi tre anni siano duecentomila, ma si può continuare: di recente novantaseimila ricette sono state rubate in un distretto sanitario. Commenta un giornale locale: "Un fenomeno che stenta a scomparire perché il ritorno economico è talmente cospicuo da attirare e compromettere operatori sanitari e pericolosi pregiudicati". Sembra ripetersi il motto dell'indulgenza totale: "Pur isso adda magna'".

Da Napoli gli ammalati di cancro fuggono. Ci sono grandi ospedali con centinaia di posti letto che però figurano sempre occupati, gli ammalati napoletani devono andare nelle cliniche milanesi o svizzere, se n'è indignato persino il cardinale; perché si ruba anche in alto, dove i guadagni sono già altissimi rispetto alla media? Perché nella società che ha per massimo valore il profitto, per massima ambizione il denaro, il furto diventa un'unità di misura insostituibile. Gli illeciti guadagni sono permessi, anzi stimabili, sono la prova di un'eccellenza nel furto, che va esibita. Recentemente sono stati arrestati o denunciati per reati comuni noti imprenditori, notissimi banchieri, i loro beni recenti sono stati sequestrati, e cosa si è scoperto? Che tutti nella loro scalata avevano acquistato delle ville in località turistiche celeberrime, a Saint Moritz, all'Argentario, a Portofino, sulla Costa Smeralda. Perché? Evidentemente non per abitarci, giacché sono tutte persone indaffaratissime, lavoratori indefessi. E allora? Ma perché il modello è Berlusconi, che di ville ne ha sette solo in Sardegna, più quelle della Brianza e delle Antille. Dicono che il denaro è la farina del diavolo. Certo, come diceva quell'armatore, la vita con i soldi è piena di amarezze, "figuriamoci a esserne senza". Ma quando la ricchezza è immeritata e fuori misura funziona come un isolante, non capisci più che cosa conta davvero nella vita, non capisci più che un nuovo ricco brianzolo non è un'accettabile pietra di paragone. Alcuni aristocratici napoletani lo furono in passato, le loro follie e dissipazioni potevano servire ai sogni dei miseri fra i quali vivevano. Ma con le fustelle false come con le bancarotte fraudolente si resta tra gli ultimi dell'umana società.

32.
Sciolti per camorra

Non è necessario contestare la napoletanità a pagamento che insorge indignata alle critiche dei forestieri, basta aspettare che la magistratura e il governo facciano il loro corso. In data 22 ottobre 2005 arriva la notizia che il Consiglio dei ministri ha sciolto tre amministrazioni comunali di sinistra, Afragola, Casoria, Crispano, una di centrodestra, Torre del Greco e una di una lista civica, Tufini. Si aggiunga lo scioglimento della Asl sanitaria numero quattro. Il quadro che emerge è disastroso: appalti sospetti e irregolari, furti nella refezione scolastica come nelle pompe funebri o nella raccolta dei rifiuti. Che cos'è accaduto in questi grandi comuni alle porte di Napoli, comuni che hanno centomila abitanti? Le prefetture che hanno compiuto le indagini ripercorrono tutte le tappe obbligate della corruzione: gare d'appalto falsificate, falsi sulle ditte e sui loro trascorsi, concessioni edilizie di favore, immobili e capannoni concessi alla camorra, occupazioni abusive. Nel dominio incontrastato della camorra che non spara, ma gestisce l'economia. E viene fuori un aspetto dell'informazione che il cronista forestiero non può non notare: l'abbondanza della cronaca nera, dei conflitti a fuoco, delle violenze di piazza contrapposte al silenzio sugli affari e sulle combinazioni truffaldine. Un racconto della vita cittadina tutto basato sull'emergenza criminale che nasconde la pratica delittuosa della normalità.

Torre del Greco sta sotto il dominio dei Falanga, il cui

boss può permettersi di telefonare alla ditta che ha l'appalto della raccolta rifiuti per raccomandare due suoi parenti: "I miei generi non possono certo raccogliere la spazzatura. Metteteli nell'amministrazione o alla guida dei camion". Il direttore della ditta non ha il coraggio di rispondere: "E come li mettiamo alla guida se non hanno la patente?". Camorristi notori stanno nelle amministrazioni e hanno messo le mani persino sulla Festa dei Gigli, quando in una processione è comparsa una fotografia gigante del boss della camorra Cennamo.

Nell'Asl numero quattro a Pomigliano, la cooperativa che la dirige da venticinque anni accoglieva gli ammalati di cancro bisognosi di una radiografia dicendogli "venga, venga fra sette mesi". Tutto nell'Asl numero quattro puzzava di camorra, i fatti criminosi accertati dagli indagatori risalgono al 2003, nessuno richiedeva alle ditte i certificati antimafia. In corso d'opera una ditta lasciava il campo a un'altra i cui dirigenti erano imparentati con esponenti camorristi. La sanità è un terreno prediletto della camorra, in questa Asl che ha un bacino di cinquecentottantamila utenze e settanta laboratori privati di analisi. Quando il nuovo direttore Mancusi Barone arrivò in ufficio non trovò nemmeno i protocolli, i registri delle spese, solo scatoloni pieni di vecchie fatture.

Dice il procuratore Felice Di Persia che dirige la lotta alle cosche, che c'è una certa differenza fra la camorra che si fa conoscere, la camorra dei clan con un capo con nome e cognome, e quella dei grandi appalti, imprenditrice, che non si fa né vedere né sentire. Impenetrabile. Non bastano quattro o cinque anni d'indagini, un lavoraccio che non finisce mai e non sempre va bene. Tredici comuni rischiano di essere sciolti per queste infiltrazioni della grande camorra che terrorizza gli amministratori, li coinvolge nei suoi affari, decide le loro candidature. I grandi camorristi stanno nell'ombra, compaiono quelli pittoreschi, come la vedova Moccia di Afragola che sulle carte d'identità cambia giorno e mese della sua nascita per evitare i controlli. La squadra di calcio, la Afragolese, è guidata da un fedele dei Moccia, di fama camorrista come quasi tutte le squadre di calcio della regione. La rete si allarga all'intera città, la vedova Moccia ha una figlia, Teresa, inquisita dalla giustizia, il figlio Bruno è stato indagato per una truffa sul latte e Antonio ha avuto una condanna a ventidue anni.

33.
La metastasi

Per pagare un dirigente militare ventimila euro al mese, un killer duemilacinquecento euro a omicidio, un collaboratore fisso settecentocinquanta euro mensili, per potersi, come Cosimo Di Lauro, comprare una casa a Scampia disegnata da un architetto per due milioni, per finanziare la clientela camorrista, forte di decine di migliaia di persone, per tenere in piedi una rete criminale in Italia, in Europa, in America, in Russia ci vogliono montagne di soldi e i clan camorristi se li procurano allargando la loro economia, che risolve la concorrenza con i kalashnikov e la finanza con le estorsioni. Due studiosi del fenomeno, Maurizio Braucci e Giovanni Zoppoli, hanno raccolto notizie che le forze dell'ordine definiscono "preoccupanti", per non dire che siamo alla metastasi criminale. L'attività imprenditoriale è passata dalla Campania all'Italia del Nord, al Veneto dell'ultimo "miracolo"; Castelnuovo del Garda è il luogo dei maggiori investimenti tessili dei clan di Secondigliano. Fabbriche e magazzini di merci "taroccate", falsificate, sono sparsi nel mondo intero e nessuno protesta o denuncia perché ormai la metastasi non è più contenibile, centinaia di negozi, centri commerciali, ditte di trasporto sono legati al modo camorristico di intraprendere, violenza e denaro sporco da riciclare. Se improvvisamente stazioni invernali, lacustri, marine sono tutte un fiorire di investimenti magari sballati, magari megalomani, a tenerli in piedi con un mare di denaro sono le mafie che gestiscono il commercio della droga, il crescente consumo di stupefacenti in una società stressata, impaurita, tesa allo spasimo nella ricerca del profitto e dei consumi.

L'economia camorrista che impedisce lo sviluppo reale, la crescita vera di lavoro e di ricchezza trova due sfoghi altrettanto sterili. Quello della malavita che ti brucia, ti consuma finché sei giovane, e la guerra: il 90 percento dei volontari dell'esercito di professione sono meridionali di province mafiose. Idem per la polizia che la camorra corrompe in vari modi, in varie gradazioni.

"Lo sanno tutti," dice un giovane di Scampia, "che quando 'Ciruzzo' Di Lauro fa scaricare una partita di droga vuol dire che prima ha sentito i poliziotti amici suoi, soltanto dopo che quelli gli hanno dato il via fa arrivare e scaricare a Secondigliano." Contenere la corruzione è difficile, reprimerla impossibile. Sette poliziotti sono stati arrestati nel 1998 per corruzione flagrante, ma il loro processo è continuamente rinviato. Bisogna accontentarsi di guardarla, la corruzione. Come la guarda quel padre di famiglia che rivela al cronista Roberto Saviano: "Dico solo che mio figlio vuol fare il poliziotto da quando ha visto uno del commissariato con la Kawasaki e l'Audi TT".

La corruzione delle forze dell'ordine, dicevamo, è a livelli diversi. Quello strategico punta addirittura alla costituzione di un comitato politico, militare, mafioso, una vera e propria "cupola" di cui fanno parte capiclan, ufficiali dei carabinieri che possono arrivare al grado di generale e avere rapporti con ambienti politici e istituzionali. Ancora una spiegazione dell'ostracismo a un magistrato incorruttibile come Cordova che, non contento d'indagare sulla mafia, si occupava anche delle associazioni segrete come la massoneria più o meno deviata. I magistrati onesti non sono compatibili con queste zone d'ombra, con le affiliazioni di carabinieri e poliziotti, parallele prima e poi convergenti con la logica dei clan. Un maresciallo dei carabinieri espulso dall'Arma ha raccontato: "Quando io ero in servizio, negli anni novanta, erano decine e decine i carabinieri e i poliziotti a libro paga della camorra. C'è stata una chiusura, un forte controllo alla fine degli anni novanta, ma per quanto mi dicono amici ed ex colleghi, tutto è tornato come una volta. I clan hanno disponibilità di liquidi e possono corrompere a ogni livello. È tornata anche la vecchia mazzetta ai posti di blocco dei camion. I camionisti devono pagare altrimenti, con i più svariati motivi, vengono multati e adesso possono togliere loro pure i punti sulla patente. E un camionista senza patente è un uomo morto. Il contatto fra la camorra e un poliziotto è la cosa più semplice di questo mondo. In un anno un poliziotto può arrestare decine di camorristi. Li conosci, ti conoscono e magari ti tornano utili, vai da loro per farti restituire un'auto rubata o per avere dritte e informazioni per le tue indagini e in cambio chiudi un occhio sui loro affari. Poi sono loro a chiederti informazioni, piccoli favori, come far trasferire un parente in un carcere più vicino. Così incomincia un rapporto in cui sono loro a gestire te e ti prendono tutto. Quasi sempre iniziano con i regali: un'auto, un prezzo di favore per un alloggio. Poi ti mettono a stipendio; in genere ti danno una somma pari a quella che ti dà lo stato. Così ti ritrovi con due stipendi puliti puliti. Le grandi somme, i milioni di euro, li pagano solo per le informazioni che possono mettere in salvo i loro grandi affari. Oppure si servono di te per gestire il loro ordine e il prestigio camorrista, ti aiutano ad arrestare le bande dei ladri di appartamento, i magnaccia, i piccoli spacciatori. Per questo puoi ricevere anche gli encomi dell'Arma".

34.
Le false cure

Quando diciamo che Napoli siamo noi vogliamo semplicemente dire che il "modello Napoli" con l'aumento della ricchezza, delle comunicazioni, della tecnologia, può diventare, fra non molto, il modello vincente in Italia. La macchina dei soldi per assistenza, corruzione, delinquenza, vince sicuramente dove lo stato è diretto dai corrotti, dai parassiti della finanza pubblica, dai demagoghi, dai mentitori. Per dire che Napoli resterà tal quale o peggiorerà, se vincerà anche da noi il capitalismo senza principi e senza raziocinio, la controrivoluzione che questa volta arriva da oltreatlantico. Già ora Napoli mi è parsa peggiorata, disposta all'infamia più che nel passato. Intellettuali al potere più opportunisti e corrotti che nel passato, intellettuali progressisti che mi hanno attaccato selvaggiamente, solo perché ricevono dalle istituzioni sovvenzioni con le motivazioni culturali più varie, consulenti della pubblica dissipazione, portaborse del ladrocinio, foglie di fico sulla corruzione camorristica. Senza pudore, senza ritegno nell'accusare chi li critica di menzogne, diffamazioni e complotti. Ma stia buona con il complottismo la Russo Jervolino, stiano buoni gli indignati ufficiali dell'establishment se un osservatore forestiero racconta solo un decimo, solo un centesimo delle ignominie locali e può raccontarle anche perché sono la copia conforme di quelle delle altre regioni italiane. È il governo del capitalismo ladro che ci ritroviamo, che gli italiani hanno votato, se Napoli è quello che è, insanguinata e lorda di immondezze, altro che G8 a Castel dell'Ovo, altro che le metropolitane in stile moscovita ornate di marmi lucenti in mezzo alla miseria!

Quale sia la cura efficace per Napoli e per l'Italia non lo sappiamo, anche se ci andiamo convincendo che non potrà essere una cura all'acqua di rose. Ma sappiamo quali sono le false cure. Non lo è quella della città divisa fra intellettuali e popolo senza nome: gli intellettuali che cambiano costume, bandiere, linguaggi ma sono sempre d'accordo per spartirsi il denaro pubblico, i pubblici onori. Rivoluzionari e riformatori che tengono i piedi in entrambe le scarpe pur di spartirsi amichevolmente il bottino, avversi alla mafia che spara, ma suoi complici nei grandi affari e nella gestione di un'informazione che ha trovato quest'idea geniale: occuparsi quasi ossessivamente degli scippi e degli omicidi fra poveracci e ignorare le grandi truffe locali, nazionali e internazionali della borghesia al potere.

Non è una cura buona la napoletanità, il folclore che copre l'insipienza e il disordine, la finta solidarietà che copre il perdurante sfruttamento dei deboli. Questa napoletanità risulta francamente repellente, indegna di una grande città civile. Non è una buona cura neppure il ricatto separatistico o *pro bono pacis*: mandateci soldi, molti soldi se no spacchiamo tutto perché questa è una rivolta da lazzaroni. Che cosa allora? Forse rinunciare alla rivoluzione dei proletari che non ci sono più e puntare su quella dei giovani che ci sono e che non ne possono più di vivere da ladri e da bugiardi, qui e nel resto di Italia, che vogliono essere cittadini di un paese civile.

Indice

5   1. Il sole acqua

9   2. Il sequestrato di Monte di Dio

17 3. Le nazioni napoletane

21 4. Il governatore

27 5. La rivoluzione fallita

31 6. Una donna in municipio

35 7. Il caso Albanese

37 8. Guardie e ladri

41 9. La camorra e la morte

45 10. La macchina da guerra

47 11. Napoli siamo noi

51 12. L'estorsione totale

55 13. La vendetta della camorra

59 14. Il nuovo procuratore

- 63   15. L'albergatore Maione
- 67   16. Il caos quotidiano
- 69   17. Mai più
- 73   18. Piero Craveri e Percy Allum
- 75   19. Il cardinale e i suoi parenti
- 81   20. La maledizione di Scampia
- 87   21. Vietato non toccare
- 91   22. La tolleranza totale
- 93   23. Dinastia camorrista
- 97   24. Il difficile mestiere di vigile urbano
- 101   25. Microcriminalità, il branco
- 103   26. La logica perversa
- 109   27. Napoli Soccer
- 111   28. La napoletanità complice
- 113   29. La napoletanità indignata
- 117   30. Dietro la napoletanità
- 119   31. Il furto sugli ammalati
- 123   32. Sciolti per camorra
- 127   33. La metastasi
- 131   34. Le false cure

*Stampa Grafica Sipiel
Milano, gennaio 2006*